知识就在得到

详谈 芦苇

李翔/著

新 星 出 版 社 NEW STAR PRESS

回到采访

在离开记者这个行业将近 5 年之后，我决定重新开始做采访，并且发表出来。之所以这么做，是出于下面两个理由。

第一个理由，是它本身所具有的知识积累的价值。

我非常喜欢西方历史学之父希罗多德在巨著《历史》的开头写的第一句话：

> 以下所展示的，乃是哈利卡纳苏斯人希罗多德调查研究的成果。其所以要发表这些研究成果，是为了保存人类过去的所作所为，使之不至于随时光流逝而被人淡忘，为了使希腊人和异族人的那些值得赞叹的丰功伟绩不致失去其应有的荣光，特别是为了把他们相互争斗的原因记载下来。

这句话揭示了采访的价值所在。采访、记录和研究的目的是对抗遗忘，让后来的人可以真正做到站在前人的肩膀上前行，而不至于陷入不断重蹈覆辙或者不断重新发明轮子的怪圈中。

采访、记录和研究的对象，既包括“那些值得赞叹的丰功伟绩”——我们之中那些优秀的创造者们，不断在用自己的聪明才智创造出一些让我们所有人都变得更好的产品、服务和组织；也包括失败和争斗——即使是我们之中那些最优秀的人，也难免会犯下错误，这些错误其实都是在为作为一个整体的我们试错，都值得被记录。

这件事情在今天尤其值得做，因为今天做这种采访、记录和研究的人正在减少。这里面当然有很多原因，包括传统的严肃媒体的衰落；包括因为社交网络的发达，受访者的只言片语越来越容易被拿出来放大，这让他们越来越小心谨慎；包括各种碎片化或娱乐化的内容已经挤占了人们越来越多的时间，以及内容生产者们越来越倾向于认为，受众就是喜欢碎片化和娱乐化的内容。

但是所有这些原因都没有改变希罗多德指出的采访、记录和研究的价值——它是我们的知识积累的一部分。

尤其是那些一手的采访，可以让其他行动者受到启发，获得激励，或者哪怕仅仅知道自己并不孤独；也可以成为其他人研究或者评论的基础——至少可以通过一手的采访知道当事者究竟是如何想的，哪怕你认为他想的并没有道理。

第二个理由，是我还挺高兴做这件事情的。

每个人眼中世界上最好的工作都不一样。对于我而言，最好的工作就是可以见到那些我喜欢的创造者们，听他们分享自己的成就、经验、方法和挫败。为了避免显得自吹自擂，这个理由就说到这儿吧。

拿到这套小册子，你会看到什么?

首先，当然是第一手的长篇访谈。我会努力找到我能找到的、我欣赏和尊重的、最优秀的商业实践者和价值创造者，向他提问，请他分享他的实践经验、做事情的方法，包括经历过的挫败和收获。

我自己觉得它们一定会对你有所启发。而且，我还抱有一种雄心，就是希望它们在十年甚至几十年后，仍然能够激发读到的人。

其次，如果你愿意跟随这趟旅行，我相信你能看到一幅逐渐在你眼前展开的画卷。它不是静止的、一次性的，而是动态的、发展的。因为在我的设想中，我希望能够跟访谈的对象保持一个长期的、以十年甚至数十年为单位的沟通，把他们的想法和实践动态地、周期性地呈现出来。你看到的会是一部正在发展的、以人为单位的价值创造史，里面会有成就和经验，也会有矛盾和变化——毕竟世界本身就是不断变化的，它要求实践者做好准备随时推翻自己。

最后，因为这件事情要持续做下去还挺难的，所以我想用意大利著名记者法拉奇的一句话做一下自我鼓励:

我说我每进行一次采访都花了心血，这并不言过其实。我要花费很大的劲才能说服自己：去吧，没有必要成为希罗多德，你至少能带回一块对拼组镶嵌图案有用的小石头，和对人们思考问题有用的情况。要是错了，也没有关系。

最后的最后，希望这些文字真的对你思考问题有用，并让你得到激发，去进行自己的创造。

李翔

2020 年 10 月 20 日

目 录

未完的工作

芦苇是谁

芦苇是一位编剧。他的代表作包括同陈凯歌导演合作的《霸王别姬》(1993年)、同张艺谋导演合作的《活着》(1994年)，以及同王全安导演合作的《图雅的婚事》(2006年)。

拍摄于20世纪90年代初的《霸王别姬》和《活着》，在今天依然被认为是华语电影的经典作品。《霸王别姬》曾获得法国戛纳国际电影节金棕榈奖、美国金球奖最佳外语片等一系列大奖。《活着》的主演葛优凭借该电影获得了当年戛纳国际电影节最佳男演员奖，电影本身也获得了英国电影学院奖最佳外语片、全美影评人协会奖最佳外语片等奖项。

尽管陈凯歌和张艺谋两位导演在此后依然高产，但是《霸王别姬》和《活着》仍然被视为他们自身导演生涯的高峰。

2007年，芦苇编剧、王全安导演的《图雅的婚事》获得了柏林国际电影节最佳影片金熊奖。获得过这项荣誉的华人导演，除了王全安之外，还有张艺谋、李安、谢飞和刁亦男。

芦苇编剧的这三部作品，不仅是他自己的代表作，也可以说是1949年之后整个中国电影的代表作。《霸王别姬》和《活着》展现出了史诗气质，我们可以通过这两部电影，一窥20世纪几十年间中国历史的剧烈变化，以及这种变化对普通人生活的影响。《图雅的婚事》则讲述了一个关于爱、家庭和人性的故事，在这部电影中，人要周旋的不是时代的剧变，而是日常生活的惊心动魄。

1

芦苇1950年3月出生于北京。不过，因为父母工作的调动，他很快就随整个家庭搬到西安。此后，他就一直居住在西安这座古城。即使在20世纪最后十年，西安电影人集体北上，他也没有离开这座城市。

和那个年代出生的所有中国人一样，芦苇经历了时代的颠簸，包括无产阶级“文化大革命”在内的大型社会运动，让这一代人无法接受完整和系统的教育。在当时，他们必须作为知识青年上山下乡。

芦苇初中还没毕业，就到陕西省宝鸡市的一个农村插队。不过，他认为自己从这段农村生活中获益颇多。后来他把农村视作他上过的三所学校之一，另外两所学校是“文革”和社会。他认为正是通过插队生活，自己才真正了解了绝大多数中国人是如何生活的。后来，他把对这段生活的部分体感，写进了电影《霸王别姬》和《活着》的剧本之中。电影中的一些细节正是来自他的亲身经历，比如把《毛泽东选集》作为礼物互相赠送，比如在墙上画毛泽东像。

不过，跟很多同龄人不同的是，首先，由于出身于干部家庭，芦苇可以比绝大多数同龄人更早地接触更多的电影和小说。他去农村插队时还随身带了一箱书，其中包括一套《契诃夫选集》。后来在他参与编剧的电影《狼图腾》（2015 年）中，下乡到内蒙古草原上的主角陈阵，也随身带了一箱书，让当地人颇为失望。

其次，在 1977 年恢复高考之后，芦苇没有像他的很多朋友那样，继续回到大学读书。此前，他已经通过招工进入了西安电影制片厂（简称“西影厂”）。回高校读书对他而言，本来是一个顺理成章的选项。“文化大革命”后期，芦苇和他的一些朋友成立了一个“地下”读书会，读书会中的不少人后来都成为大学教授或者政府官员，芦苇则顺着自己的道路往下走，成了一名电影编剧。

在西安电影制片厂，芦苇碰到了后来改变了包括他在内的很多第五代电影人命运的老厂长吴天明[①]。

出生于 1939 年的吴天明是中国第四代导演的代表人物之一，代表作包括《老井》（1987 年）和《变脸》（1995 年）。不过，吴天明在电影圈的另一个称号是“第五代教父”。因为在担

---

① 知名导演，1983 年起出任西安电影制片厂厂长。

任西影厂厂长期间，他发现并扶持了后来被称为“第五代导演”的一群电影人。这个群体包括曾经在他的电影《老井》里担任演员的张艺谋，也包括陈凯歌、田壮壮、黄建新[①]、周晓文[②]等。

在吴天明的影响之下，一位摄影师可以成为后来中国最著名的电影导演，一位美工也可以成为后来中国最知名的电影编剧。

2

芦苇编剧生涯的开始和他编剧生涯的代表作，都同第五代导演联系在一起。

年轻时，芦苇的热情在于绘画。即使在“文化大革命”期间，他也没有放弃学画。放弃了在一家为空军服务的飞机修理厂的工作之后——这在那个年代是匪夷所思的事情，他回到西安，在家里读书自学，并拜师学画。1976 年，他通过招工进入西影厂，工作内容是为电影画布景。

对芦苇来说，做编剧完全是出于偶然。在吴天明的支持

---

① 知名导演和制片人，曾导演电影《建国大业》（2009 年）、《建党伟业》（2011 年）。

② 知名导演，代表作包括《最后的疯狂》（1987 年）、《秦颂》（1996 年）等。

下，他和包括周晓文导演在内的西影厂的年轻人们，组成了一个青年工作小组。在讨论剧本时，芦苇总是会对剧本指指点点，提出自己的意见。周晓文就说："要不你来改？"

之后他们合作的电影《最后的疯狂》(1987年)和《疯狂的代价》(1988年)，在票房和口碑上都有不错的收获。这也让芦苇的编剧才能开始被注意到。

这两部电影带给芦苇的另一个影响是，从那时开始，他就格外注意电影的不同类型，以及电影的商业性。因为当时吴天明交代给他们的任务就是，"你们去赚钱，艺术的事情交给我"。芦苇说，中国电影人中最早开始不断讲电影类型的人，可能是吴天明。

再之后，他和同为第五代导演的陈凯歌和张艺谋分别合作了《霸王别姬》和《活着》——两部足以写入中国电影史的作品。他和张艺谋同为1950年生人，陈凯歌则比他们小两岁。年龄相仿，让他们有相近的经历；对电影的热情，又让他们都抱持一种想要做出好电影的信念。

令人遗憾的是，芦苇和这两位第五代代表性导演的合作都没能持续下去。或许是因为他们都太过骄傲，又自恃才华。

在《霸王别姬》之后，陈凯歌曾经带着电影《风月》(1996年)[①]的创意找到芦苇，希望芦苇能够做这部电影的编

① 陈凯歌导演1996年的作品，阵容豪华，由张国荣和巩俐主演，徐枫监制，配乐为赵季平，摄影为杜可风，编剧则由陈凯歌和王安忆联合署名。

剧。但是芦苇拒绝了，他认为《风月》的故事基础，即讲述一个上海“拆白党”[1]的故事，并不成立，真实性可疑。

再之后，芦苇公开批评了张艺谋的电影《英雄》（2002 年）和陈凯歌的电影《无极》（2005 年）。尽管从电影上映至今，对这两部电影的刺耳评论都层出不穷，但一位曾经亲密无间的合作者发出批评的声音，或许会让导演感到不解，甚至愤怒。

在注重人与人之间表面关系和谐的社会氛围中，即便是顶尖的文化人物，似乎也很难真正做到把对事的评论和对人的评论分开来看。更何况，绝大多数创作者本身也是高度自尊和脆弱的。

再到后来，芦苇和学者王天兵合著的图书《电影编剧的秘密》出版。在这本书里，芦苇再次直言不讳，甚至口无遮拦地评价了一些跟他合作过和没有合作过的导演的作品。电影导演陆川看完本书之后说，他倒并不在意芦苇的批评，但让他吃惊和担心的是，芦苇之后怎么再跟这些人合作，“怎么在电影圈混”。

芦苇自己倒是并不在意。他说自己真正在意的是电影，是有没有好的电影作品出现。因此，他也不介意自己是做编剧，还是做导演。在他看来，这个问题并不重要，重要的是能不能做出好电影——尽管绝大多数电影人都会把做编剧视为通往导

---

① 20 世纪 20–40 年代的上海俚语，泛指上海地区一群白吃白喝、骗财骗色的青少年。

演之路的一条捷径。

他也可以在对一位导演的一部作品非常不满的同时，对这位导演的其他作品赞不绝口。比如，他看完王全安的电影《惊蛰》(2004年)后，大加赞赏，一度推荐王全安去导演电影《白鹿原》(2012年)。他自己也跟王全安合作了电影《图雅的婚事》。

《图雅的婚事》的拍摄过程极为曲折。在芦苇和王全安的坚持之下，这部电影才得以完成。之后，柏林国际电影节金熊奖的加持，让王全安一时之间成为第六代导演中最受关注的人物之一。

只可惜，芦苇和王全安的合作也未能继续，他们对电影《白鹿原》究竟应该如何拍摄，存在着极大的分歧。但是，芦苇仍然在各种场合极力夸奖王全安的《惊蛰》和《图雅的婚事》。

同样地，在批评陈凯歌和张艺谋的同时，他也对这两位导演不吝赞赏。比如，他称赞陈凯歌是一位有诗人气质的导演，能够注意到很多其他人注意不到的诗意的一面。他对张艺谋的为人处世非常赞赏，并且直到今天仍然认为，张艺谋电影的格局和成就，是第五代之后还没有电影人能超越的。

3

为什么要关心芦苇?

第一个原因，当然是他毫无疑问地站在中国最顶尖的编剧的行列。我曾经问过我的一个电影编剧朋友，在这个行业中，是否还有人能够同芦苇比肩。他的回答是，“从作品意义上来说，在世的国内电影编剧，没有可以和他比肩的”，因为“《霸王别姬》《活着》和《图雅的婚事》，都是丰碑型的作品”。

第二个原因和创造力有关。通过芦苇对往事的回忆，我们能看到一个顶尖的内容产品是如何被创造出来的。我可以试着简单概括一下他的工作方法。

作为编剧，他会认真地揣度电影中每一位主要人物。他会努力去了解他们，并且给他们写出相当于小型传记的人物分析。这个过程会用掉他大量的时间，因为他需要阅读海量的资料，并且尽可能找到相关的人做访问。

在芦苇看来，电影虽然是虚构的，但电影中人物的表现特征和行事方式，基本上都可以在真实世界中的真实人物身上找到原型。比如在写作《霸王别姬》的剧本时，他就阅读了大量京剧人物的回忆录和传记。

在写作后来没有拍摄的《杜月笙》的电影剧本时，除了阅读关于当年历史的海量资料外，他也努力去找曾经跟杜月笙有过交往的人聊天。比如他曾经访问过锦江饭店的创始人董竹君。董竹君跟他讲了一个关于杜月笙的细节，让人印象深刻。当年锦江饭店的川菜很有名，每天都有很多人排队等位。有一天，店员跑过去跟董竹君说，杜月笙也在排队等位。董竹君吓了一跳，担心会触怒他，赶忙过去请杜月笙先进去吃饭。结果杜月笙说："侬勿要客气，伊拉都在等，阿拉也等等，勿客气，勿客气。"

在给人物写台词时，芦苇会努力去学习和了解人物的讲话习惯和当地的语言。比如在写《霸王别姬》时，因为故事发生在北京，故事中的人物也都生活在北京，所以他要用很大精力去学习当时的北京人如何说话。他的方法是，从陈凯歌的父亲陈怀皑老先生那里借来老舍先生《茶馆》的话剧录像带，然后反复看、反复听里面的台词。当年芦苇拒绝为陈凯歌导演的电影《风月》写剧本，其中一个原因就是，他认为自己作为一个西北汉子，很难写出上海的韵味。

要做出好的电影作品，除了编剧自己的努力之外，还需要核心创作团队目标单纯，又能很好地合作。我的编剧朋友就说，芦苇在给《霸王别姬》和《活着》做编剧时，"碰上了最好的一代导演最好的创作状态"。

当时，核心创作团队会一起讨论剧本，甚至会讨论由谁来主演合适，比如《霸王别姬》中程蝶衣这个角色，是请因电影《末代皇帝》（1987 年）而声名大噪的尊龙来饰演，还是交给张国荣。芦苇公开回忆过："张国荣有一种罕见的心理刻画能力，我就觉得必须是他来演。尊龙也争取过，凯歌认为他在国际发行上有优势，而且演技也不错。但我觉得尊龙气质不合适，有一点硬朗，缺少柔媚，所以我坚持张国荣。我和陈凯歌为了这个事辩论了两回，也没结果。后来我们召集了主创来讨论，五个人进行投票，结果四个人站张国荣，凯歌便也不坚持了，认为你们四个都坚持，一定有道理。”

与此同时，在芦苇直言不讳的描述里，我们也能看到创造力是一件多么脆弱的事情。他说过：“我当时觉得中国电影真正的创作从《霸王别姬》开始了，哪曾料到它成了终点。”在豆瓣上，《霸王别姬》有超过 200 万人打分，评分为 9.6 分，在“豆瓣电影 Top250”榜单中位列第二，仅次于《肖申克的救赎》（1994 年），也是该榜单好评度排名前 15 的电影中唯一的一部华语电影。

为什么我们不能有更多杰出的作品出现？怎样才能避免创造力的早衰？

对于这样的问题，芦苇有自己的观察和回答。简单来说，他认为有一个方法可能有效，就是始终保持对经典的学习和敬畏。如此一来，就相当于创作者为自己设定了一个高不可及的目标。因此，创作者需要始终去努力，而不会被突如其来的赞美所迷惑，认为自己已经足够好。

第三个原因在于人的层面。这也是我个人很好奇的一个层面。出生于 20 世纪 50 年代的中国人，不可避免地拥有比之后其他年代出生的人更加丰富的经历。他们经历过 1949 年之后的红色年代，经历过“文化大革命”时期全国范围内剧烈的变化，经历过 1978 年之后的市场化改革，经历过 20 世纪 80 年代的思想解放，经历过 20 世纪 90 年代之后商业化的冲击……

今天中国文化领域的巨人，大都是这个年代出生的人。在电影领域，张艺谋、陈凯歌、冯小刚都是 20 世纪 50 年代出生的。在文学领域，莫言、贾平凹、王安忆、王朔、刘震云等也都是在 20 世纪 50 年代出生；另一位杰出的作家余华也很接近，出生于 1960 年。

这其中有必然的联系吗？更直接的问题是，一个经历过时代如此剧烈起伏颠簸的人，会如何看待今天我们遇到的种种问题和挑战？他会持有何种态度，又会给出怎样的建议？

4

2022 年 7 月底，我在西安见到了芦苇。我的同事冯启娜和她的朋友刘泽渝很热心地把芦苇介绍给我。

第一次见面时，尽管已经详尽告知了他家住在几号楼几单元几零几，芦苇仍然执意要下来接我们。见面之后，他说：“我担心小区门口的保安为难你们。”这个细节让我看到，在他冷峻的言辞之下，其实有着一份细心和体贴。

芦苇腰杆挺得笔直，短袖配上军绿色收腿裤，整个人精瘦干练。我夸他的收腿裤很好看，也是城市中的时尚裤型。芦苇说，这是马裤，骑兵穿的，在劳保店打折处理物资时买的，36块钱一条。

他带着我们在小区里穿行，步履飞快。后来我才知道，像城市里其他热衷锻炼的人一样，他每天也规定自己走一万步。

我们在他的书房里就着茶聊天，从下午 3 点多开始，聊到 6 点多出去吃晚饭。

晚饭后，我问明天何时方便再来拜访他。芦苇回答："如果你觉得不累，我们就回去接着聊。"于是，我们继续回去聊天到晚上 10 点多。我问他累不累，他说："我倒是不累，跟惯了剧组，已经习惯了长时间的工作。"然后突然提高嗓门："我是担心你们累了。"在座的人，平均而言，要比他小 30 岁。

我们第二天早上 9 点见面，继续访谈。芦苇决心要尽快把访谈推进，就像他写剧本时喜欢"缓进速战"——准备期不妨漫长，一旦短兵相接，则要迅速结束战斗。他说："时间可是很快就会过去的，要赶快做好手上的工作。"

紧接着的下午，西影厂邀请芦苇过去做活动，内容是看电影，看完之后再由芦苇组织讨论、回答问题。西影厂提出要看《图雅的婚事》，芦苇的建议则是《惊蛰》。他还说："如果你们找不到片源，我可以在家里找一找有没有 DVD。"

他邀请我们一起过去，我说："好呀，我们怎么去？要我叫个车吗？"

芦苇说："走过去，不远。"

他的家人在旁边笑，知道芦苇口中步行可及的距离，跟很多人以为的不同，而我们很快就要见识到。最后，我们步行了20分钟左右。

在去西影厂的路上，他谈到同代人理想主义的演变，他推崇的经典作品和他的精神资源，从大卫·里恩[①]、契诃夫到中国的乡土作家，如莫言和曹乃谦[②]。

在之后的电影放映活动上，芦苇对导演王全安、主演余男和电影《惊蛰》大加赞赏——尽管在场的所有人都看过新闻，知道他跟王全安在电影《白鹿原》上的分歧，也知道王全安在2014年之后定然过得并不如意。

芦苇习惯于就事论事、就作品论作品的态度，在此刻表现得非常明晰。他是在以他的真诚和倔强，捍卫着他认为的好电影。

---

① 英国导演，代表作包括《阿拉伯的劳伦斯》（1962年）、《日瓦戈医生》（1965年）、《印度之行》（1984年）等，凭借《阿拉伯的劳伦斯》获得1963年奥斯卡金像奖最佳导演奖。

② 当代著名作家，出生于1949年，37岁才开始写小说，代表作包括小说集《到黑夜想你没办法》《最后的村庄》《佛的孤独》等，作品受到作家汪曾祺、诺贝尔文学奖评委马悦然等的推崇。

生活课

编剧就是设计师

李翔：您现在还是保持每年写一个剧本的节奏？

芦苇：差不多，有时候想写两个，年龄也大了，站好最后一班岗。

李翔：您的写作习惯是什么？习惯在家里写还是？

芦苇：写剧本就是突击性的，大概一两个月就写完了，但是准备资料和研究资料比较慢。我写剧本在哪里都可以，不挑地方。有的人有习惯，在有些地方写不了。我没有这个习惯——在摄制组混出来的。

李翔：我看您的背景介绍里说，您是在北京出生的。

芦苇：是，我在北京长到两岁，当时还很小，什么都不懂，对北京一点印象都没有。后来父母调到西北局来，就跟着父母来西安了。我在西安成长，所以等于是西安人。

李翔：您会认为西安是跟您的精神气质非常吻合的城市吗？

芦苇：肯定受影响。你在这儿生活一辈子，对陕西关中这一块的乡土还是有很深的情结的。这里的生活习惯、语言，对你的影响很大。

李翔：如果用语言表达的话，这种精神气质会是什么？或者有哪部作品比较贴近这样的精神气质？

芦苇：这是间接的，生活氛围跟创作还不是一回事，但是你生于斯，长于斯，它对你会有深厚的影响。我自己写陕西的农村戏，也写了三四个剧本，但是都没拍，比较遗憾，将来等机会吧。我也写过《白鹿原》的剧本。

李翔：编剧的工作还是需要通过更复杂的系统来表现出来吧？因为要把它变成电影。

芦苇：如果我们说拍电影是一个工程，编剧就是一个设计师，必须要在图纸上完成整个电影的结构，相当于电影整体的气氛和整个的内容都是你来负责。如果我们说拍电影是打仗，编剧就是参谋长，他制定作战方案。

李翔：这个说法在电影这个系统里是所有人都认的吗？

芦苇：这个东西因人而异。仗打胜了，人人都急于抢功；仗打败了，谁都要推卸责任，这是人之常情。

李翔：胜败以什么衡量？票房？得奖？

芦苇：主要就是口碑和票房，两者结合起来。

李翔：很多剧本没有变成现实中被拍出来的、大家可以看到的电影，这会损伤您作为编剧的成就感吗？

芦苇：对我无所谓，我大概写过三十多个剧本，拍出来的有一小半。我觉得拍不成，那是环境使然；但拍成了，你要对它负责任，要全力以赴。电影本身是个工程，你是搞设计的，设计要是出了问题，工程就有问题了。所以，编剧很重要。

李翔：拍不成没所谓这种心态，是从年轻的时候就有吗？

芦苇：写剧本你肯定还是希望拍出来的。但能不能拍，是由很多因素决定的，不是我一方就能定的，包括审查、投资方的选择，你左右不了。所以你能负责任的，就是剧本，就是把剧本写好。

李翔：在电影这个工程里，现在可能很多人认为导演的成就感会大一点，明星或者艺人也会更多地受益于电影，是这样的吗？我看您一直坚持以编剧的身份工作。

芦苇：对于编剧，我自己的经验是，有了好剧本不见得有好电影，但没有好剧本绝对没有好电影。很多电影的编剧都存在基础性问题。有人讲现在是网络化时代，讲大IP，有了大IP，根据一个电脑模式来操控编剧，就能把编剧的问题解决了。

李翔：是吗？

芦苇：有这种说法，但事实上是行不通的。大IP要是能解决编剧和剧本的问题，那拍电影就太容易了。它只能解决技术问题，但解决不了心灵问题。解决心灵上的问题，还是要靠人和人交流，而不是人和电脑交流，否则不会有血肉，也不会有气息。电影之所以感动人，就是因为它有生命气息。

李翔：这种生命气息最开始就是由编剧来赋予的，可以这么理解吗?

芦苇：一定是，最先孕育电影内容的就是编剧。我个人反对编剧决定论，因为电影是综合艺术，但剧本确实是一部电影成功的基础。这是电影史和戏剧史可以证明的，用不着我来说。

李翔：我也认识一些这个行业的朋友，他们经常抱怨说，好的剧本非常少，我相信您肯定也听到过这种声音。

芦苇：是。我自己会看很多剧本，因为很多公司和朋友找我帮他们看剧本。看了很多电影以后，会发现它们的剧本很烂。中国好电影少，为什么呢？因为好剧本就少。都不太称职吧。

李翔：编剧不太称职?

芦苇：方方面面都有。中国的电影跟很多行业一样，水平不高。这是一个事实，并不是我的一个观点。

李翔：即使在（20世纪）90年代也是这样吗？比如说《霸王别姬》那个年代。

芦苇：《霸王别姬》只是一股清风而已，对中国电影并没有本质的改变。中国的电影永远是偶尔有这样的表现，但不能像好莱坞一样成为全世界一个强大的媒体力量。我们还差得很远。

中国电影在世界上有影响力吗？好像没有。很多大的国际电影节，我们拿奖拿得也不多。我们人口全世界第一，GDP也全世界第二，如果按这个标准要求，我们的电影和文化事业成就应该大得多，但实际上并没有。

李翔：您做了一辈子电影工作，面对这个现状，不会觉得比较悲观或者失望吗？

芦苇：对电影整个行业，我是很失望的；但对我自己来讲，我做好自己的本职工作就好。因为我就是这么一个人，能影响的范围也很小，把自己范围内的事情做好就可以了。

李翔：您的心态为什么那么好呢？这种心态是年轻的时候就这样，还是经过慢慢改变才有的？

芦苇：我也不知道我的心态好不好。

李翔：听上去还挺好。

芦苇：你写那么多剧本，拍出来的还不到一半，现实就是这样。但你别管现实怎么样，你力所能及的就是把剧本写好。剩下的是你控制不了的，像投资环境、整个从业人员的素质……能做到的事情，我们就努力去做；控制不了的事情，我们对它有个认识就可以了。

我始终认为我在这个行当里尚算称职。作为编剧，在我这个环节一般不会出大问题，我能跟大家很好地合作，为了一部成功的影片，写出一个还算合格的剧本。

李翔：如果您这么说的话，尚算称职的编剧在国内可能也没有多少，是吧？

芦苇：中国电影的质量不高，也有一个很重要的原因，就是编剧的整体素质不高。伊朗电影制度比我们还要严苛，但是人家电影拍得很好。电影人应该研究这个问题。

农民经历

李翔：像这种从业人员素质不高，是因为现在的编剧很少像您那一代电影人一样，经历过那种大时代的历练吗？还是因为商业化的冲击？

芦苇：我想很多因素都有，也包括你说的原因。第五代的电影人，包括第五代的编剧，在他们从事这个职业之前，他们的生活课基本都上完了。

李翔：生活课？

芦苇：对，生活课，经历过“文革”，经历过上山下乡，经历过招工当工人，经历完这些才去做电影。张艺谋是这样，陈凯歌是这样，田壮壮也是这样，我也一样。所以，我觉得现在的年轻电影人在生活课方面，好像比第五代电影人要欠缺一些。年轻电影人都是专业学校一毕业，就直接做电影了。

李翔：我想更多地了解一下您的生活课。您是 1968 年下乡。我理解在那个时代，应该算是已经接受了比较完整的中学教育了，是吗？

芦苇：哪儿能完整啊？我们上初一时是 1963 年。那时候全国都开始搞“社教”[①]，马上就要开始搞“文革”了，教育已经不完整了。

所以我们的文化程度，真要按学历的话，基本都很低。像我就上到初二，再没上过任何学校，也没那个条件。当时所有的学校都停办了，你上什么学啊？当农民是你唯一的道路。所以，我觉得我上的第一个学校是“文革”，第二个学校是农村，第三个学校是社会。这三个学校我倒是上得很认真。

李翔：“文革”之前的经历对您有影响吗？

芦苇：当然也有影响，因为我有得天独厚的条件。父亲的工作单位让我有机会每个礼拜都看场电影，所以我比同龄人在童年时代电影看得要多。比如 8 岁的时候，我就看过《静静的顿河》（1957 年）[②]；十来岁的时候，我就看过《海洋之诗》（1958 年）[③]。那时候我看过很多经典的电影，但有些电影看不懂，只是觉得对电影很感兴趣，觉得电影的画面很美。而且我很小的时候，大概八九岁，就看过很多世界各地来华访问的歌舞团的演出。所以，我觉得说到眼界，我比同龄人可能要宽一些。

---

① 指 1963 年至 1966 年的社会主义教育运动。

② 改编自诺贝尔文学奖得主、苏联作家肖洛霍夫的同名长篇小说。

③ 苏联电影导演尤丽娅·索恩采娃的电影作品。

后来，我父亲调到了西北局。当时西北局有一个很大的图书馆，这也是一般的孩子没有的条件。我 15 岁就把《战争与和平》看完了；包括契诃夫的小说，下乡的时候基本都看完了。这对我的影响应该是很大的，无形中奠定了我的艺术观。

李翔：是说那段时间是一段比较浪漫的岁月吗？大家都是很理想化的状态？

芦苇：就是时代的起伏吧。比如像 1962 年、1963 年，我们可以看到很多好电影，但到 1964 年、1965 年，基本上是样板戏的前奏了，看不到什么外国电影。1966 年以后，就只剩八大样板戏[①]，其余什么都没有。

李翔：当时看不懂，但在后面回溯的时候，或者重新看的时候，会意识到这些电影的重要性，是吗？

芦苇：小的时候看契诃夫很上瘾，觉得写得很好，同时也传授给你一种敏锐的感受——这是小说给你的，在阅读过程中自然而然产生的。如果没有这个阅读经验的话，恐怕不会有这种很微妙、很细腻的感觉。

---

① 指京剧《红灯记》《智取威虎山》《沙家浜》《海港》《奇袭白虎团》，芭蕾舞剧《红色娘子女》《白毛女》和交响音乐《沙家浜》。1967 年《人民日报》社论把八个剧目称为“革命样板戏”。

李翔：我看您之前的访问说，您下乡的时候带了一箱书，里面也包括契诃夫的书，当时这样的青年多吗？

芦苇：很少吧。那时候我们看书都偷着看，阅读是不被社会所认可的，因为你看的都是“封资修”[①] 的书。

李翔：契诃夫的书当时也是“封资修”？

芦苇：肯定是。契诃夫是修正主义国家的作家。那时候苏联的书基本是被禁的，都不让看——我们都偷着看。

李翔：那您还敢带？

芦苇：那时候是去当农民，管得宽松一些，因为在农村，农民也不知道契诃夫是谁，而且他们连字都不认识，你看了就看了——他们光知道你在看书。

李翔：大家会传阅您带来的书吗？

芦苇：我觉得像契诃夫的书，就是传阅也没有用，因为能看懂的人很少。我记得当时只有极个别的人算是有共鸣，大部分人不看，也看不懂，属于这个状态。

李翔：同龄人也是这样的状态？

芦苇：一样的。我当时在我们同龄人里，在阅读方面肯定是一个另类。

---

① 指封建主义、资本主义、修正主义。

李翔：其他人看什么？

芦苇：我记得我下乡时，大家要送你礼物，因为你要走了，送什么呢，就是《毛泽东选集》。当时家家户户都一大堆《毛选》，光我收到的就有七八套。

后来这些《毛选》，在农村村民结婚的时候，我都送人当礼物了。那时候送《毛选》是一件很时髦的事情。村民结婚时，你送他礼物，他就会在婚礼上招待你吃一顿饭。我记得我收到的七八套《毛选》全送出去了。

李翔：电影《活着》里面的那个场景，姜武扮演的二喜，去福贵他们家送的礼物，就是《毛选》。那是当时会真实发生的场景，是吗？

芦苇：对，没有经历你写不出来，包括当时画毛主席像——张艺谋也干过。张艺谋在农村待过，他就画过毛主席像，能挣工分，还能有人招待，给你做点好吃的，吃点细粮之类的。

李翔：您当时的特长是什么？

芦苇：当农民的时候，我觉得我还是要老老实实地干活。刚下乡时，他们就让我当农村的小学校长。我说我是来接受教育的，怎么还有资格教育别人呢？我就说我干不了，我是来当农民的。

所以 18 岁就当农民了。当农民的那段时间对我特别重要，因为我知道了当时中国绝大多数人是怎么生活的，以及他们是怎么看待这个世界的。这对我影响很大。那时候就开始懂事了，开始真正地知道什么叫人生，以及生命是怎么存活的。要是没这点经历，让我写《活着》，我也写不出来。

李翔：就是下乡反而对您是有收获的？

芦苇：那是我的一个很有意义，而且很深刻、很难忘的人生大课。那时候已经独立了，脱离家庭、脱离父母，要自己养活自己。现在青年人有多少 18 岁自己养活自己的？很少。我们那时候 18 岁必须要自己养活自己。

李翔：之前的经验更多还是城市里的经验。

芦苇：1966 年到 1968 年，那三年就是"文革"搞运动，再之前是在上学。

李翔：像您是带着一箱书下乡，后来电影《狼图腾》里，陈阵（冯绍峰饰演的角色）下乡也是带着一箱书，这是从您的经历来的吗？

芦苇：是，但我认为带着书下乡的是极少数。我们那个公社大概有二百多个人，带那么多书下乡的可能就我一个人。

李翔：可能就是因为您带那么多书，才让您当小学校长，是吗？（笑）

芦苇：那倒不是。他们查我的成分还不错，根正苗红。我们家的家庭成分是贫农。我父亲是革命干部，虽然被打倒，但我也是贫农子弟。

对于“文革”的电影呈现

李翔：我看过一些作家和导演的作品，比如王小波的小说、姜文的电影，他们也是用作品去还原或者讲述那段时间。

芦苇：对“文革”和上山下乡表现得比较真切、从影像上能够真实还原那个时代的作品，我到现在还没有看过一部。有几部电影是涉及“文革”了，但我看完觉得都不太真实。你看看纪录片，再看看电影，对比一下就知道了。

当然《霸王别姬》和《活着》都有“文革”的场景。那些场景相对而言还算真实一点，因为毕竟我们这个团队，包括导演在内的很多主创，都是经历过“文革”的人，但也不能说完全还原。我后来写了一个剧本，但是没拍，叫《等待》。

李翔：我看过小说。

芦苇：那个小说是作家哈金[①]写的。小说写得很棒，把“文革”中人的关系讲得非常清楚透彻。剧本我也下功夫了，但电影没拍。

---

① 美籍华裔作家，代表作《等待》曾获美国国家图书奖。

李翔：当时应该是陈可辛导演想要来拍这部电影。

芦苇：对。

李翔：导演不是内地人，没有经历过那些事情，也可以拍得很好吗？或者能完全理解剧本呈现的东西吗？

芦苇：这个很难说，完全因人而异。比如《末代皇帝》，（导演）贝托鲁奇没有爱新觉罗·溥仪的经历，但是他拍得很好，在精神气质上很真实。

李翔：也是陈可辛把《等待》这部小说介绍给您的吗？

芦苇：是，那是 2000 年，黄建新介绍我介入这个项目。他把小说给我，我一看很喜欢，觉得写得很真实，就同意接了。后来我把剧本写出来了——陈可辛也很喜欢这个剧本，但是没拍。

李翔：未来还有可能拍吗？

芦苇：一旦条件允许，我相信一定有人拍。它是一个很精彩的故事。

李翔：其实后来张艺谋也不断地想要去触碰这个主题，包括他的新电影《一秒钟》（2020 年），还有在这之前的《归来》（2014 年）。这应该是这一代人绕不过去的一个特别大的事情，所以总会有意无意地回来？

芦苇：当然了，我觉得对整个国家、整个民族来说，都是绕不过去的。对我们这一代人，因为都是亲历者，它是你生命中刻骨铭心的一部分，所以想去表现，想把它搬上荧幕。这是这一代人的愿望。但随着商品时代的到来，也会很难自始至终保持这种初衷，而且一直保持也不太现实。

张艺谋拍《一秒钟》，讲的也是那个时代，但已经很没有质感了——人物、故事已经拍得有点游离，所以甚至没勾起这一代人的集体回忆。当然这跟他的叙述方式有关系，凡是他参与编剧的电影，戏剧结构都有问题。戏剧结构是需要训练的，你懂就是懂，不懂就是不懂。包括陈凯歌在内，都存在这样的问题。

李翔：如果是这么明显的话，他们自己意识到这个问题了吗?

芦苇：就是因为意识不到，所以他们才不断地重复一个错误，一直到今天，到（陈凯歌）自己当编剧拍了《道士下山》（2015 年）。

李翔：您看了，是吗?

芦苇：看了。我很惊讶，这个人干了一辈子电影，怎么就是不懂编剧、不懂剧作?

李翔：是有些奇怪，毕竟是一位很厉害的导演，而且做了一辈子电影，肯定对故事有些感觉。

芦苇：这也是我觉得很奇怪的地方，但它确实是荧幕上呈现出来的铁一般的事实。你会想，有这种经历的人怎么会犯这么低级的错误，让人遗憾。

李翔：像《归来》《一秒钟》，其实导演是经历过那段岁月的，是有真实体感的。

芦苇：在戏剧性结构问题上，很多导演干了一辈子都是外行。中国的第五代导演都是拍艺术片出身，他们没有经历过这种训练。他们虽然上过电影学院，但当时的电影学院也不重视这个问题。戏剧性结构、对于类型的研究与自觉意识，以及对于不同类型和不同风格的把控，都是近一二十年才提到议事日程上来的，以前根本没有这个意识。

最早呼吁中国电影要重视类型的人恐怕是我。我一直在各种媒体上说类型的重要性，但是当时没有人重视。现在随着商业大片和好莱坞电影的不断涌入，大家才通过好莱坞意识到类型的重要性。因此现在中国大片也有所改观，开始重视对结构的研究，以及叙述的完整性和戏剧性。

李翔：您跟他们的年龄差不多，经历也差不多，您是怎么意识到类型的重要性的？

芦苇：我觉得跟我从影的训练有关系。我刚开始从影，就是吴天明当西影厂厂长，他给我的任务就是这个。

李翔：拍类型片吗？

芦苇：是拍了一定要赚钱的片子。当时还没有商业片、类型片这些概念，但人家给你的任务是必须要赚钱，那就必须要研究类型。

饥饿记忆

李翔：下乡的时候会有饥饿感吗？

芦苇：我这辈子挨过三次饿。第一次挨饿是 1960 年，我们家还是干部家庭，但你就是吃不饱，经常是饥肠辘辘的，盼望着什么时候能吃好。因为正在发育——小孩嘛，粮食定量那么少，老是处于一种半饥饿状态。

我觉得这对我们的心理是有影响的。那时候我才 10 岁，一看天下大雪，特别激动，雀跃欢呼。因为觉得一下大雪，第二年麦子就丰收了，麦子丰收就可以吃饱。这种情感说给今天的孩子听，他们都听不懂——没挨过饿。那时候，野菜、树叶、草根我们都吃过。一到礼拜六，我妈妈就带着我们去野地挖野菜，因为粮食不够吃。那是我们的童年。

然后就是插队的时候，依然吃不饱。虽然是农民，可是你的粮不够吃，每年到春天的时候就有问题——按说当时我们的条件还算是不错的。

李翔：就是您插队的地方？

芦苇：我插队的地方收成还是不错的，但当时在搞“农业学大寨”[①]。我记得有一年公社给我们下的指标是必须要种东北高粱，说是高产粮，这样粮食就丰收了。当地农民没种过，不知道这个东西收成到底怎么样。但是工作组来了，在工作组的监督下必须种。

我记得特别清楚，那年大概是1970年，高粱长得特别棒，绿油油的，两人高，看着真是要大丰收了。结果高粱一结，我们一收，打下来的时候发现，那个品种在陕西的土地上虽然长得高，但结的籽是瘪的，不灌浆，没有高粱粉。

李翔：就是不能吃？

芦苇：吃不成，只能喂牲口，那农民就惨了。这就是瞎指挥嘛，为了“文革”时期所谓的“大跃进”。

李翔：您第三次挨饿的记忆是什么？

芦苇：第三次挨饿是1983年我进监狱[②]，监狱也吃不饱。

李翔：监狱里面也吃不饱？

芦苇：对，所以我是一个有饥饿经历的编剧。一说起饥饿，我的情绪就很饱满，因为记忆太深刻了。

---

① 指20世纪60年代开展的一场活动，依据的是毛泽东于1963年发布的一项指示“工业学大庆，农业学大寨，全国学人民解放军”。

② 芦苇在20世纪80年代“严打”期间，曾经因为参加过一次舞会而入狱。

李翔：对创作有帮助。（笑）插队的时候很辛苦，又很饿，但是也不会妨碍您读契诃夫。

芦苇：我是在农村插队时成长、成年的，这让我知道了普通中国人过的是什么生活。那段经历对我是特别重要的。

李翔：是什么生活？是《活着》里面的那种吗？

芦苇：你直接面对着很多饥饿和温饱问题，人的生存问题。你看到人的生老病死，再看到生存的意义和顽强的挣扎。我记得 1974 年有一次去陕北，看到杨庄公路两侧的榆树皮全被扒光了，都被人吃了。那个树光秃秃的，跟骨头一样，一片惨白，还是挺让人触目惊心的。后来又看到公路边两个村子的村民在械斗。一问，他们是要抢榆树皮吃，然后就发生械斗了。我说这些，今天的人都很难理解，但那时候我是亲眼看见的。

李翔：您当时插队也是在陕西吗？

芦苇：是在陕西，我在宝鸡，青木川底下。我觉得那是我的人生大学。我是在那里才终于看到了中国人的人生真相。

李翔：这种事在城市，即使是在"文革"期间，也看不到？

芦苇：在城市，"文革"期间即使你家里父母都被揪出来成"黑帮"了，公家一个月还会给你发 15 块钱的生活费。但在农村，完全就是自生自灭了，你必须要把每一颗粮食通过挣工分挣回来。生存的条件是不一样的。

李翔：“文革”来了之后，比如像干部子弟，父母被揪出来，对小孩的冲击力应该是非常大的吧。

芦苇：当然，家被抄了，父母也被关起来了。我那时候才16岁，忽然就成了一家之主了。因为我父亲、母亲都被关起来了，不能回家，弟弟、妹妹就需要我来管。我也没有经验，但是你不管也得管。

李翔：当时是很绝望吗？

芦苇：会有绝望的情绪，一定会有，但是你必须面对。绝望有什么用，你还得生存。

读书和人生的迷惘

李翔：1971 年您招工到工厂，是回到西安吗？

芦苇：没有，我是被招到 5702 空军修理厂[①]，就在宝鸡的武功县。

这个厂子是修理飞机的。我待了大概一个来月，很不适应，虽然吃得很好，但是管得太严。每天 8 个小时上完班，还要有 1 个小时的政治学习，根本没有时间再自己看书，还不如在农村自在。

李翔：您当时离开工厂是怎么想的呢？

芦苇：当时开始有了对于“文革”的一系列思考，和对农村的一系列思考。开始想，在这个世界上，第一，有没有真理；第二，如果有真理，这个真理是什么，我们应该相信什么，不应该相信什么。这些问题摆到跟前了。

这对我来说是人生头等大事。我必须找到一条自己认为正

---

① 中国人民解放军第 5702 厂，主要承担大型飞机、航空发动机的维修任务。

确的生活轨道，要不然你没法走——这也不行，那也不行，这个也有问题，那个也有问题。怎么办呢？当时感到很困惑。所以就需要学习，而学习需要时间，需要条件。幸亏我父亲那时候解放了——他 1971 年从五七干校解放。

我父亲这个人很开通，他知道我不愿意在工厂里干了。一般家长是绝对不允许的，孩子好不容易有一个工作，怎么能不干了呢？简直是目无组织、目无法纪——是这种概念。可是我父亲说，你不想干就算了，回家吧，家里总有一口饭吃；你要学习也可以在家里学习，家里就是这个条件，饭总是有。他的原话是，“有我们吃的，就有你吃的”。我当时一想，既然父亲给我开绿灯了，我就读书吧。这就成了我自己自学的大学。

后来我发现，我的困惑和我的问题实际上是我们这一代人的问题。那时的朋友们互相都在问，我们是不是应该静下心来学习？运动搞得不少了，也下过乡当过农民，也经历过“文革”，我们的信仰问题应该怎么解决？那大家就学习呗。我们就搞了一个没有名称，也没有纲领的“地下”学习小组。其实就是个读书会，大家两个礼拜碰一次头，交流一下自己的读书心得，共同学习。

我们先从理论开始梳理，把理论搞清楚。当时的学习小组成立了大概有三年的时间。现在想起来，那时候我们读的书也都是一些马列书籍，因为社会学理论只有马列书籍，没有别的书。可是我们还必须得“地下”，因为它是社会上的学生组织的。

李翔：当时这种“地下”读书会还是非常敏感的吗？

芦苇：当然是。只要不是组织上组织的，不是领导组织的，都是不好的。

李翔：当时还在“文革”期间吗？

芦苇：“文革”真正结束是1976年，但其实运动早就已经停止了。1968年学生都下乡当农民了，吃都吃不饱，还搞什么运动。

李翔：您那种对于真理是什么的困惑，会跟当时的同事交流吗？

芦苇：不会。读书会里的朋友都是通过“文革”认识的。我们彼此认为有想法、有志向，可以相互担保。他们也考验你，对你也不放心，不知道你会不会出卖他们。你自己也担心。所以，必须要有人介绍，而且你必须要有想法。

我记得我介绍的内容就是我写的一篇读书笔记，叫《青年马克思对于黑格尔左派的背叛》。他们一看，说这个人有理论基础，是读过书的人，再者人品又好，因为“文革”的时候知道彼此的根底，就成了朋友。

所以当时有这么一个“地下”学习小组，人数也不多，十来个人。后来，他们基本都当了大学教授。

李翔：您父亲是能意识到您这种困惑，所以才会支持您？

芦苇：我父亲这个人很简单，他认为你只要读书就是好事，但他对你有要求，你不要出问题，他考虑你的安全。

李翔：当时能够招工到工厂，应该是非常困难的事情吧？

芦苇：算是比较幸运的事情。所以我提出退出工厂时，工厂（领导）觉得很惊讶——居然有闹退厂的。他说，我们厂有5000人，从成立以来闹退厂的，你是第二个——第一个人是神经病，你是不是神经也不对了？是不是需要到医院、到卫生所检查一下？

后来我说，我是不是神经病都无所谓，反正我不在这儿待了，我回去当农民了，我觉得当农民舒服、自在。对方就说，好好好，那我把你送回去。

然后，工厂的人事部门就把我的关系转回插队的那个县。结果县知青办一看，这个家伙又回来了，就不收我。知青办说，贫下中农已经把他选举出来了，完全符合招工的标准。工厂的人说，这个人无组织无纪律，不听我们工厂的安排。后来县里面的干部就说，那是你们教育的问题，不能让他回来。为什么呢？县上的人知道，打群架我是头儿。结果一看，好不容易把这个人打发走，又回来给我们找事来了，算了，还是不收吧。

后来我就很尴尬了，因为有户口的问题，户口总得落地，但我又不待在工厂，农村又不要我，没有出路。我当时成了

“腰包户口”，就是你的户口在你的口袋里，落不下来，没有人要你。我当了四年的“黑户”。

李翔：这在当时应该算是一个非常离经叛道的决定。

芦苇：我在当时算是一个另类。当时陕西省西安市的知青里，招了工居然不去的人，绝无仅有。那时候我的想法也很简单，我觉得人生漫长，青年的时候要把你要走的路想好。起码什么是你愿意做的，什么是你不愿意做的，还有什么是对的，什么是可以相信的这些价值观问题，得搞明白。人生就这一辈子，要怎么度过，对我来说，这是一个问题。对很多青年人来说，只要有碗饭吃，就不是问题。我这个人有点贪心，除了吃饱饭以外，我还希望我的人生有意义。这就有点奢侈了，奢侈的代价就是“黑户”。

好在我父亲当年是一个很开明的人。一般家长绝不允许（这样做），我父亲不但允许了，而且还理解我。当然这也有基础，我觉得要是“文革”之前，他可能还不会理解。“文革”期间，我们父子关系就变得很特别——我们俩几乎是平等的。我父亲在“文革”期间所有的检讨都是我写的。我从小精通写检讨。

李翔：您后来做电影是不是也没少写检讨？

芦苇：做电影就再没写过。那时候写检讨是投资方和出品方的责任——《霸王别姬》就是。当时负责广电的领导怪罪了一下，吓得北影厂的厂长马上写检讨。检讨刚一写完，中央又说可以放了。《霸王别姬》三上三下，审查通过了，又“毙”了，“毙”了又通过，然后又“毙”了。最后邓小平发话，这才公映。但公映之前，还是给了限制——不许宣传，不许参加国内的电影节。

李翔：我忘记之前听谁讲过，当时是找了邓小平的女儿，请邓小平身边的人放给他看。

芦苇：是邓林给放的。张进战[①]，《霸王别姬》的执行导演，提着拷贝去的。投资方本身也大气，能把邓林找着，也是厉害。

① 张进战，知名电影人，跟陈凯歌合作过《边走边唱》(1991年)、《霸王别姬》、《风月》、《荆轲刺秦王》(1998年)，跟张艺谋合作过《英雄》(2002年)、《满城尽带黄金甲》(2006年)，同时也是包括《色，戒》(2007年)、《杀死比尔》(2003年)在内的好莱坞电影的中方副导演。

画画和布景

李翔：我看您之前讲，您回家读书，同时也学画，是吗？

芦苇：对，因为画画是我从小的爱好，是我本来的人生目标。所以一边读书，一边也开始系统地专业学画画，找了老师，开始画点自画像、头像之类的。

当农民的时候我还在画画，尽管劳动很累，可是我随身带个速写本，走到哪儿要休息了，画点速写，这个爱好一直有。毛泽东像也画过，比如在门板上画，要不然怎么能写出《活着》里面的戏来？也写大标语，“千万不要忘记阶级斗争”“水利是农业的命脉”之类。我那时候仿宋字写得还可以，所以写大标语时会把我叫去。

李翔：您当时学画画的朋友和老师，后来还在继续画画吗？

芦苇：刘爱民[①]和张荣国[②]都是很有成就的画家。刘爱民

① 生于 1948 年，现任西安交通大学艺术系主任。

② 生于 1940 年，油画家。

是西安美术学院毕业的，张荣国是中央美院毕业的，我拜他们为师。

李翔：但是您就没有沿着画画这条路一直走下去？

芦苇：本来是想沿着这条路走下去的。我进电影厂属于偶然，其实就是社会招工，刚好西影厂把我招上了。我那时候当待业青年，人家一查，插过队，也符合招工条件，再一个也找了朋友帮了一点忙，就把我招进西影厂了。

我来西影厂刚干电影的时候，人家知道我有美术基础，所以在分配的时候就让我去画布景，等于是布景工。我当时主要的目的还是想学绘画，所以一边当布景工，一边还热衷于绘画。我也没想过要拍什么好电影，当时觉得中国电影还能拍什么好电影。

李翔：1977 年恢复高考之后，您没想过再去参加高考，读大学吗？

芦苇：我唯一想考的就是美术学院。我成绩通过了，可是超龄了。当时是有年龄限制的，25 岁以上的人，美术学院不让考，我当时已经 27 岁了。人家说，小伙子考得不错，但是你超龄了，我们也没办法，教育部不批。我想算了，自学吧，自己画。

李翔：当时应该您的朋友圈，包括读书小组里，有很多人都是考大学的吧？

芦苇：他们几乎都考上了。那个读书小组的人考大学如同儿戏。他们那时候什么没看过啊，黑格尔、马克思都看过，考个大学算什么。

李翔：所以您的选择还是特立独行。

芦苇：就是命运使然吧。

李翔：当时您父亲不会强烈建议您考大学吗？去读大学，而不是继续做工人。

芦苇：我父亲是老党员，他是抗战时参加共产党的。我记得我参加工作之后，他跟我谈过一次，他说，你现在有工作了，是不是要考虑两个问题：第一是家庭问题，你年龄也大了，也该成个家了；第二你是不是能考虑入党，我和你妈都是党员，入党之后，表示你进步了。

后来我跟我爸说——今天想起来是非常胆大的话，我说，老爸，结婚不结婚那是我的事，你别管，我现在结了婚，就没法学习了，因为有家庭负担了，我得养老婆孩子，而且我对政治也没什么兴趣。

我爸一听我说话那么严肃，就很愕然。我说，我对政治没有兴趣，有的是人走这条路，不缺我一个，我是画画的。我爸就不吭气了，以后也不管我了。

西影厂、吴天明和编剧之路

进入西影厂

李翔：我看网上说，您进西影厂是先做了两年炊事员？

芦苇：没有，它招工的时候说是招炊事员。当时想着我先进去，我得自己养活自己，当炊事员就当炊事员吧。结果去了西影厂之后，人家问你有什么特长，我说我画画好。他说把你画的画拿过来看看。我就拿过去，他们让美工组的领导看，说美工组不是要人嘛，你们看这个人行不行。结果组长和师傅们一看，这个小伙子很有基础，画得不错，来了就能工作，不用培训，就把我分到美工组了。

再一个我当时也认识分配工作的干部。我说，我想当画布景的工人。他还劝我，说那个工作又脏又累，拿个大刷子一天到晚在路上画画，你不嫌脏啊？我说，我喜欢做这个事。他说，那我给你说一说。所以，是很自然的。我确实有基础，而且他们也看过我的画，认为我可以胜任。

李翔：当年西影厂里同样招工进来的同事，是藏龙卧虎吗？

芦苇：当时我们进去的大概有三十多个人，现在在电影方面做出成就的还有一个人叫杜媛。杜媛[①]是张艺谋的剪辑师。她是跟我一起进厂的。

她那时候是小姑娘。我那时候是小伙子。杜媛得过金鸡奖最佳剪辑师。张艺谋的很多片子，像《活着》《红高粱》，都是她剪的。

李翔：她进厂的时候就是做剪辑的？

芦苇：进厂分配工作时，她就被分配到剪辑。我是画布景，有时候也当美术助理。

---

① 知名电影人，剪辑师。除了张艺谋的多部作品如《红高粱》（1988年）、《一秒钟》之外，宁浩导演的《疯狂的石头》（2006年）、《无人区》（2013年）等多部电影也是由她剪辑的。

一个真正热爱电影的人

李翔：我看您在采访里说过一句话，西影的崛起和没落都跟吴天明厂长有关系。

芦苇：当然，他当厂长，西影厂才起来的；他不当厂长了，西影厂就落了。

李翔：他是 1983 年到 1989 年的厂长？

芦苇：1983 年到 1989 年。他当厂长是 1983 年，西影厂的崛起也是从 1983 年开始，严格说是从《没有航标的河流》（1983 年）和《人生》（1984 年）[①] 开始。《人生》是吴天明导演的。那部电影是当年的大众电影百花奖最佳影片，还拿了最佳女演员奖，得了好多奖。西影历史上哪得过那么多奖啊，就一鸣惊人了。后来吴天明又把全国的第五代导演都招到自己的旗下，陈凯歌、张艺谋、田壮壮都来了，再加上本厂一些有力量的导演，它当时的创作力还是很好的。

---

① 根据作家路遥的同名小说改编的电影，吴天明导演，1984 年上映。

李翔：他是一个什么样的人？他是厂长，同时是位艺术家？

芦苇：吴天明是一个非常棒的人，是一个真正热爱电影的人。现在我们有很多搞电影的领导，我不觉得他们热爱电影，他们是官员，但吴天明不是。吴天明是一位电影艺术家，是视电影为自己生命的人。

所以我运气很好，碰到吴天明。1983 年我还在监狱里。1984 年把我放了，我就开始看《黄土地》（1984 年）①。我觉得这还真是个好电影，真没想到在中国电影行业里还能干艺术。我觉得有希望了，要放开了，所以对电影就有兴趣了。当时我认为 1984 年以后，中国电影就有希望了。

李翔：那时候不想当画家了吗？

芦苇：还是想当画家，但那时候不停地在上戏，你作为美工、作为美术助理，要去参加工作。到 1986 年的时候，吴天明倡导成立了青年电影摄制组。所谓青年电影摄制组，主创都是年轻人，年龄在 30 岁左右。当时周晓文、曹久平②和我组成一个团队，拍了一部电影叫《他们正年轻》（1984 年）。这部电影是一个越战背景的军事题材电影，小投资、小规模，拍得非

① 陈凯歌导演 1984 年的电影作品，由张艺谋担任摄影。

② 知名电影美术师，作品包括《大红灯笼高高挂》（1991 年）、《我的父亲母亲》（1999 年）、《太阳照常升起》（2007 年）等。

常有意思，也很有生命力，但最后这部电影被“枪毙”了。

可是吴天明认定这部电影拍得不错，所以他特别注意扶持我们，认为这个创作班底是有希望的，让我们再拍第二部、第三部。他让我们拍商业片，这就有了《最后的疯狂》和《疯狂的代价》两部电影。周晓文是导演；我是编剧，也做了美术。《最后的疯狂》票房特别好，我记得电影拿了当年的亚军，而且还拿了金鸡奖特别奖。吴天明很高兴。我们紧接着拍了《疯狂的代价》，票房也很好，口碑也不错。这样我就当编剧了。

当了编剧之后，吴天明就特别关照我。他是我的领导，我是个小工人，我认识他，但我不觉得他认识我。结果有一天在大门口碰见他，他说你到办公室来一趟，我就去了。去了之后，他说你小子不错，很能干，给厂里挣钱了，拍了好片子，你将来想干什么，要想干导演，我调你到导演室去，要想当编剧，我调你去文学部。

我当时一听，受宠若惊，觉得厂长能注意到我，对我这么关照，心里也很热乎，自己被人认可、重用很感动。后来我说，厂长，我哪儿都不想去，我就待在美术组吧，美术组待习惯了，人都很熟。我希望你给我一点经费，我下去给你找题材。他马上说，你要多少钱？我没想到这么快，就说不出话。他说，给你 1000 块够不够？那时候，1000 块在我听来是很大的一笔钱，我就不敢说话了。过了一阵，我说，你给我 500 块就可以了，1000 块太多。你猜怎么着？他把抽屉一拉，就给我数了 500 块钱。当时人民币还没有 100 面额的，都是 10 块一张的。

李翔：厚厚一摞。

芦苇：对，很厚一摞。他说，你给我写个收条，把这 500 块拿去，你想去哪儿就去哪儿，到厂办去开介绍信，就说是我的话，你想去甘肃，想去青海，想去新疆，随便。他就是这样的，很直接，没有那么多废话。

当时我拿了 500 块去了甘肃，跑到那儿写了几个剧本提纲，其中就包括《黄河谣》(1989 年)。等我那趟回来之后，他老兄[①] 去美国当访问学者了。所以，我把我写的东西交给厂里的文学部了。

那时候我在厂里已经有点小口碑。厂里人都知道，这家伙干美工，还能写剧本。《黄河谣》拍完之后，厂里的意思是，你愿意写剧本就写剧本，你愿意当美工就当美工，不再直接派你上戏，等于你自由了，是这样的情况。

李翔：像他这样的人物，后来您在电影圈有再见过吗？

芦苇：没有。再也没有见过这样的领导，这么开放，这么热情，这么没有架子，这么平易近人，这么友好。我跟他以前根本都没说过什么话，他也是通过电影认识我的，因为那部电

---

① 指吴天明。

影挣钱了、得奖了。

李翔：当时整个西影厂1000多人，氛围是什么样的？

芦苇：那个时候他当厂长，西影厂有一种热情。大家都想拍好电影，觉得有希望、有奔头。这个热情是他带动起来的。

李翔：它是个国企，又涉及意识形态领域，有很多老员工，肯定是复杂的，但他处理得很好。

芦苇：他当了厂长以后，我也知道厂里很多人很恨他。

李翔：恨他？

芦苇：对，因为他搞改革，重用年轻人，很多老资历的职工得不到重用，就记恨他。写信、告状、给他穿小鞋、找他麻烦、骂他的人，有的是。所以为什么他干得好好的，忽然有一天跑到西影厂后面的秦王宫那里大哭了一场，他就是憋屈。

李翔：但厂里的年轻人还是很拥戴他的吧。

芦苇：当然，那时候主要是年轻人很拥戴他。拍《红高粱》的时候，很多西影厂的老导演都排队等着要当导演，但没给他们机会，给了张艺谋。所以，他们当然会痛恨吴天明，到省委去告他，说吴天明这个那个。他压力很大。

黄建新、周晓文、何平，包括张艺谋、陈凯歌、田壮壮，第五代的这些导演他都用过。这些人要拍戏，老导演当然就没有指望了，所以老导演非常痛恨他。其中有一位老导演，干了一辈子导演，但没拍过一部戏，跟他还很熟。有一天就跑到吴天明办公室还是家里，一见吴天明就给他跪下，跪在那儿说，天明，我们认识这么多年，你现在当厂长了，你得让我拍一部戏。但是吴天明不看好他，觉得他没有当导演的才能。你猜吴天明怎么说？吴天明给他也跪下了，一句话不说。所以，老导演也没得逞。

陈凯歌和张艺谋

李翔：后来吴天明就卸任了。

芦苇：是，我觉得西影的辉煌，主要的推动者就是吴天明，他一走就不行了。他走之后，新厂长一来，先“清肃”一批人，把吴天明重用的人全部撤掉。后来这些人全当北漂了。北京有一帮电影人都是西影厂过去的，二百多人。我那时候也再没给西影厂拍过电影，给陈凯歌、张艺谋干活去了。

李翔：您那时候没想过当北漂吗？

芦苇：我是事实上的北漂，《霸王别姬》和《活着》都是在北京写的剧本。

李翔：您在跟张艺谋和陈凯歌合作之前就已经认识他们了吗？

芦苇：张艺谋认识，陈凯歌不认识。写《霸王别姬》剧本是陈凯歌来找的我。后来我问他，你干吗找我？他说，我看过你写的一篇文章《说服周晓文》，特别喜欢，写得生动、活灵活现，所以就找你来写剧本。他来西安筹备《边走变唱》，通过顾长卫[①]找我。顾长卫跟我说，凯歌找你有事。我就去了。

去之后，他就问我，你对京剧有兴趣没有？我说，有啊，我是昆曲发烧友，京昆不分家，我家里还有昆曲的磁带和京剧的磁带。他说有这么个题材，看你有没有兴趣。那时候我很喜欢《黄土地》，我觉得他这个人拍的电影有可取之处，我也很高兴他能找我写剧本，对我也是一个锻炼。

李翔：对，我看您对他的评价是，他是一个有诗意的导演。

芦苇：陈凯歌在中国导演里面，恐怕是对古典诗词研究最深的一个导演，出口成章。他这个人很有诗意，但他不懂戏剧。戏剧是需要严格对位的，有明确规定；诗是可以自由发挥的，天马行空。这也是他电影的特点，天马行空，但是顾不上逻辑和规定；虽然剧情可能拍得很烂，但是有诗意。

李翔：您作为一个西安人，怎么会对昆曲感兴趣呢？

芦苇：我第一次听昆曲的时候是 1963 年，我 13 岁，看一部电影《桃花扇》(1963 年)，电影用的是昆曲。我觉得特别好听，说不出道理，但很入迷，就对昆曲有兴趣了，比较注意搜

---

① 顾长卫，知名导演和摄影师，导演的作品包括《孔雀》(2005 年)、《立春》(2007 年)等，同时也担任过包括《孩子王》(1987 年)、《红高粱》、《霸王别姬》等电影的摄影。

集昆曲的资料，而且自己也会学着唱。《桃花扇》里有一位女演员叫马长春，她教过我昆曲。我们俩一个摄制组，当时“四旧”还不允许公开唱，她在背后偷偷教我。她年龄比我大，我管她叫大姐。她把《桃花扇》的很多唱段教给我，我都会唱。电影编剧会唱昆曲的就我一个人。

李翔：我们现在回头看，当时是一个非常神奇的年代。张艺谋是摄影，后来做演员、做导演。您是做美工、做布景，然后做了编剧。原因是什么？

芦苇：我告诉你，就吴天明一个原因，就是有他这样一个热爱电影的人，使西影厂成为电影的福地。当时只要你喜欢电影，就可以到西影厂来谋求发展。为什么大家都叫吴天明“第五代教父”呢？因为要是没有吴天明对他们的赏识和重用，他们怎么出得来。按当时的情况根本没有机会，排队根本排不上，老导演多着呢。我认为是吴天明把西影厂一手打造出来的，他创造了一个时代——第五代的时代。他本人是第四代，所以他承前启后，特别重要。

李翔：您自己没想过做演员？

芦苇：我当过演员，跑龙套，人不够了，给你一把枪，演个匪兵甲、匪兵乙，都是凑数。但是我自己从来没想当演员，没有那个兴趣。

李翔：完全没想着可以跟张艺谋一样去演戏？

芦苇：我觉得我能演戏，但是我不想把演戏作为自己的职业。当年陈凯歌拍《霸王别姬》的时候，还说让我在里面挑个角色来演。

李翔：挑段小楼行吗？（笑）

芦苇：那不行，那个戏份太重了（笑），我就演个过场戏。他让我挑，我说我就挑花满楼调戏巩俐那场戏里那个大光头，我演那个嫖客[①]。结果拍到那段戏的时候，我在莫斯科搞《红樱桃》，人不在。等我回来，我说，凯歌，你得让我演戏。他说，你又不在，都拍完了，算了算了，下回。

李翔：当时编剧不需要跟拍摄过程吗？

芦苇：《霸王别姬》的时候我是跟现场的，有好几场戏我看着拍，但我没有跟实，因为我上别的戏了。那时候正是干活的时候。

---

① 在电影《霸王别姬》中，有一场戏是张丰毅饰演的段小楼去花满楼找巩俐饰演的菊仙，碰到菊仙被几个客人调戏，强逼着喝酒。

周晓文和编剧生涯的开始

李翔：1987 年的《红高粱》[①] 拿奖，非常轰动，包括之前《黑炮事件》（1986 年）[②] 也影响很大，当时年轻导演应该是被大家瞩目的。为什么厂长问您愿不愿意当导演的时候，您会说不愿意呢？

芦苇：因为我的人生理想里面从来没有导演这一项，我就想当一个画画的人。后来有一天忽然想明白，画画跟编剧是一个道理，都是内心的表达。如果你有电影表达的自由，那很好，因为它影响力大，对自己也是挑战。

我其实当编剧之前就研究过很多电影，那时候并没有当编剧、当导演的目标，只是想我就是当美工也得把电影吃透。但是没想到后来对自己作用那么大，转行的时候那么轻而易举，因为你对电影的类型和电影的制作已经很熟悉了。后来当编剧也是阴差阳错，讨论剧本的时候我老提意见，导演就说，那你来改。

---

① 张艺谋导演的《红高粱》1988 年获得柏林国际电影节金熊奖。

② 黄建新导演的电影，在当时引起了很大反响。

李翔： 是周晓文导演吗？

芦苇： 就是周晓文。我就改，三改两改，结果还改出来了。

李翔： 当时他说让您改，那个场景是类似于“你行你上”那种，还是很认真地说？

芦苇： 他是非常认真的，因为他自己也对剧本不满意，但他对我写的戏都认可。所以那时候我白天当美工，晚上改剧本，因为不改的话，第二天摄制组就停工了。

李翔： 对剧本不满意，但已经可以拍了？

芦苇： 那时候已经立项，厂里已经决定投拍了。主要是导演也认为剧本有问题，因此你提出问题的时候他有同感，那就改呗。我跟他又是朋友，关系很好。我们以前老在一块儿玩，算是个小电影沙龙，几个志同道合的人老爱在一块儿议论电影。

那时候他对我也很信任。我一改，他都拍了，而且效果还不错。这对我也是个信心，让我觉得电影原来是这样的，觉得当编剧也很有意思。我当时改了以后，演员演的时候也觉得很舒服，觉得台词说得不那么绕口，比较口语化，也认为改完之后，剧情有力量。

青年摄制组有一个好处，所有的主创都要参与剧本讨论。再加上我跟周晓文很熟，他让我始终陪着他参与剧本的讨论。

李翔：而且你们年龄也很相近。周晓文导演是 1953 年生人。

芦苇：对，年龄也很相近，他比我小 3 岁。

李翔：这部电影没有通过，被“毙”掉，包括后来的《活着》《蓝凤凰》，这种事情在当时是非常严重的事情吗？

芦苇：对于电影厂来说这当然是一个严重的事，就看厂长有没有担当。吴天明就很有担当。这部电影虽然被“毙”了，但是他继续给导演机会，实际上是对导演业务能力的一种肯定，觉得这个人是可造之才。这就是吴天明的用人之道，也是他跟别的厂长不一样的地方。

李翔：它不会影响大家的士气吗？

芦苇：一般来说不会，因为大家觉得电影本身拍得不错，不是电影的问题，而是电影之外的问题。你的业务能力是得到肯定的。一码归一码。

李翔：像吴天明厂长这样，一个人能对一个行业产生这么大的影响，后面还发生过吗？

芦苇：其实厂长都可以对行业产生影响，西影厂后来“垮台”就是因为当时的厂长不行。这个道理很简单，就跟一个家长一样，可以兴家，也可以败家。

李翔：我还以为是行业的特殊性。

芦苇：没有啥特殊性，跟过家家一模一样。

李翔：当你们做《最后的疯狂》《疯狂的代价》的时候，您也提到厂长会跟您说，你们的任务就是赚钱，赚了钱以后我来搞艺术。

芦苇：对。

李翔：当时你们的想法是什么，会有抵触心理吗？

芦苇：没有，我们觉得应该的。让我们赚钱，拍商业片，对我们也是一个学习。

李翔：我的理解，大家当时不都是想搞艺术吗？

芦苇：吴天明当时要搞商业片，原因是西影厂当时改制，从事业单位变成企业单位，有经济压力。我觉得不管艺术片、商业片，都是给我们机会，让我们去学习，是一个了解和掌握类型的过程，所以我不认为有什么。商业片和艺术片本身是没有高低之分的。而且严格来说，根本就没有艺术片和商业片的区分，只有好电影和坏电影的区分。

李翔：这种区分是商业的需求吗？

芦苇：是行业的需求，因为你干活总要有一个产品类型，你要做给谁看。不过也就是一个产品类型而已。

李翔：跟周晓文导演合作，对您创作的风格会产生什么影响吗？

芦苇：我觉得我们合作特别愉快。我写的东西他都认可，他都拍了，而且他还都说好。这也给了我一个鼓励，就是我觉得好的东西也是能引起大家共鸣的。后来这些片子上市以后，票房都还不错，也给了我信心，让我觉得我的追求是对的，是对资金负责任的，同时也能够有效地跟观众沟通。

李翔：对资金负责任，您从开始做电影就有这种概念吗？

芦苇：从运作上来讲，拍电影是个商业行为，哪怕拍艺术片，也是商业行为。只要有投资，就是商业行为，就有商业性质，必须考虑成本和回报。

“电影最严重的问题莫过于跑题”

李翔：《秦颂》是您跟晓文导演最后一次合作吗？

芦苇：是。《秦颂》从戏剧结构来说，讲的实际上是一个友谊破裂的故事。根据史书的记载，根据我们对电影类型的理解，它应该是这么一个故事。很遗憾，这部电影最后让导演改得没有友谊了，也谈不上破裂。我觉得这部电影在情节上是有问题的，在类型上也有问题。

李翔：遇到这种事情，您怎么办？

芦苇：我一点儿办法都没有，因为拍摄又不在我的控制之下，剧本怎么改我也不知道，拍啥就是啥。我一看最后剧本改成这样，我就暗暗叫苦。电影最严重的问题莫过于跑题。《秦颂》在前半个小时完全跑题，所以这部电影立不起来了。尽管它的阵容很好，演员阵容强大，制作条件不错，资金充足，班底也很好，曹久平的美工，赵季平[1]的音乐，葛优、姜文的主

---

① 作曲家，曾经为《红高粱》、《霸王别姬》、《大话西游》（1995 年）、《水浒传》（1998 年）等电影和电视剧配乐。

演，条件全部具备，但就是没有一个经典的电影出来。

剧本的基础改坏了，立不起来。嬴政和高渐离小的时候是两个小混蛋，无法无天，连狱卒都敢杀，那还有什么悲剧可言？悲剧拍成闹剧了。这也是对类型的控制出了问题。周晓文拍商业片、情节剧还可以，但是要拍正剧和悲剧，他理解不了。

李翔：他在改剧本之前不会跟您沟通吗？

芦苇：他都在现场改，怎么跟我沟通，我又不在现场。

李翔：边拍边改？

芦苇：反正童年的戏他全改了，改得连我剧本的一点影子都没有了。我当时就想，你这么改，以后的故事还能成立吗？谁相信你们有友谊啊？不就是两个小混蛋嘛，为非作歹，杀人放火，哪有什么监狱里的友谊？

李翔：秦这个题材对您还有吸引力吗？最近几年也是非常热。

芦苇：中国的古装戏，说句老实话，到目前为止连一部经典都没有，反正我想不起来。中国电影里有哪一部历史题材电影是经典的？只有一部《末代皇帝》，但那是意大利导演拍的。中国有历史，但是没有经典的历史剧。

李翔：为什么会出现这样的现象？

芦苇：我觉得是能力的问题。要拍成经典的历史剧，需要文化的素养，也需要历史的素养。中国电影人有吗？不大有，能力欠缺是最根本的问题。中国拍了多少历史题材的电影，但没有经典的，电影人素质不行。中国没有像大卫·里恩这样的导演。

李翔：您身为这个行业的一员，也没有想到什么好的办法解决这个问题，或者施加一些影响吗？

芦苇：这个问题我认为只有靠经典作品，必须要有三至五部经典，才能最根本地解决这个问题。就是“打样”，必须要有一个标准，这样整个电影界的努力才有方向感。现在历史剧拍了这么多，因为没有这个标准，大多数都是烂片。要不然就是把历史消费了，拍一些搞笑和无厘头的东西。

“写什么得是什么”

李翔：您 1987 年写剧本《星塘阿芝》，一定要先到那个地方生活半个月，认识他们家的人。这是写剧本的一个常规操作吗？

芦苇：最好是这样子，除非你特别熟悉，或者你很有把握，觉得自己对画面已经了然于胸，去不去都可以。如果你有一点点怀疑的话，最好去一趟。

《星塘阿芝》其实我心里都有画面了，但是我不认为我懂得当地的方言，以及生活习惯、人物气质。我想还是需要生活一段时间才能掌握。

那时候写《星塘阿芝》，是因为我写了《最后的疯狂》，可没有办法拿稿酬，因为编剧不是我。周晓文就说，给你一个出差的理由吧，给你 200 块钱，想干啥就干啥。我就去了湖南湘潭，看看齐白石老家是什么样子，我想写他的剧本。

李翔：《星塘阿芝》这个剧本后来也没有拍成电影，是吗？

芦苇：没有。当时有电影公司立了个项，准备要拍，结果资金没有了。当时有两部电影立项，一部是《星塘阿芝》，给了200万，另一部电影也给了200万。后来另一部电影的钱不够，就把资金挪过去，这个项目就下马了，目前为止也没有拍的机会。

李翔：您没想过要把它变成电影吗？

芦苇：想过啊，它是我自己的一个梦想，我希望它能拍成电影。这个剧本后来得了第一届夏衍电影文学奖二等奖，还给我发了5万块钱奖金。我拿这个钱买了10套《契诃夫全集》，好朋友一人送一套。

李翔：先去生活一段时间，然后再写剧本，后面的写作还是会采用这种模式吗？

芦苇：最好是。如果你在写乡土题材，最好是到乡土去，在那种氛围之下，写成剧本。后来我写《岁月如织》①，就是跟吴天明去了合阳县农村。我在那里待了一段时间，写了剧本，我觉得还不错。

---

① 《岁月如织》是《白鹿原》的姐妹篇。《白鹿原》的故事主要发生在20世纪前50年，《岁月如织》的故事主要发生在20世纪后50年。剧本根据一位陕西农民的小说《农民日记》改编，从一个妇女20岁出嫁写起，写到她70岁儿孙满堂。芦苇曾说："我觉得我写完这个，就等于把陕西的百年和中国乡土的百年写完了。"但是《岁月如织》也并未投拍。

李翔：我相信，您肯定也会把这个建议分享给很多年轻的编剧。

芦苇：我觉得最好还是要接地气，你写什么得是什么。不能你写农民，写得跟小资一样，穿农民的衣服，说小资的话。

李翔：当您把这个建议分享给那些年轻编剧时，他们对这个建议的反应是什么？

芦苇：我一再强调，但是他们听进去没听进去，我也不知道。我是根据我看过的很多剧本，断定他们缺这一课。他们写的工人不像工人，农民不像农民，小资不像小资，军人不像军人，我觉得脱离生活了，是想象中的，不真实。

李翔：也就是从结果来看，大多数人还是没有这么做的。

芦苇：为什么中国电影有的苍白无力，没有说服力，原因就在这儿。你把王全安拍的《白鹿原》看一下，那个台词是陕西人说的话吗？不是。他没有这个生活，他不了解。

李翔：他不也是陕西人吗？

芦苇：他是陕北人，但不是关中人。当然你是哪儿的人无所谓，但你得了解。王全安拍的《白鹿原》，还是《白鹿原》吗？这不是《田小娥传》[①] 吗？他根本没看懂那个小说的主题是什么，这是一个根本问题。

---

① 田小娥是小说《白鹿原》中一个重要的女性角色，但并非绝对的主角。王全安版《白鹿原》中，田小娥由演员张雨绮饰演。

李翔：您之前访谈里面也会讲，写《霸王别姬》时，要反复看话剧《茶馆》的录像带，学台词。

芦苇：《茶馆》给我最大的好处是，它让你进入北京话的语境里面，让你知道北京人是怎么说话的，因为他们都是梨园行的，都是北平人[①]。当时那个氛围搁在那儿呢，你一个陕西人，跟北平人隔着一层，你必须要了解他们。

李翔：写《白鹿原》就没有这个问题。

芦苇：一点问题都没有，写《白鹿原》根本不存在台词问题。

李翔：看上去《霸王别姬》的准备工作，那个"缓进"是非常非常缓的，整个过程持续了多久？

芦苇：《霸王别姬》前后加起来用了一年时间。

① 《霸王别姬》的故事发生在北京，剧中的主要人物也都生活在北京。北京旧称"北平"。

同陈凯歌合作《霸王别姬》

一部正常的好电影

李翔：在您的评价体系里面，《霸王别姬》是经典吗？

芦苇：《霸王别姬》是一部不错的电影，是一部正常的、创作状态良好的电影。在某些方面我们拍的是不错，毕竟把中国故事拍成了一个全世界都能接受的影片，这是它的成功之处。但要说缺点，世界经典电影那么多，拿《霸王别姬》去比，它有很多问题。所以《霸王别姬》刚拍完的时候，我就跟陈凯歌说，咱们俩得坐下来，把这部电影的长处和短处，我们做得不足的地方，开个研讨会，总结下经验。他那时候特别忙，一天到晚应酬。我在北京等了他有十来天，结果他没时间，我就回西安了。

到目前为止，我参加了这么多摄制组，写了那么多剧本，没有一个人是把电影拍完还坐下来跟你聊的，包括王全安的《图雅的婚事》也是。我觉得这也是为什么中国电影难以正常长进的一个原因。电影拍完，一哄而散，谁还有工夫跟你扯这个。

李翔：是不是因为像《霸王别姬》《图雅的婚事》，它的口碑或票房已经证明它是一部“成功”的电影，所以大家比较轻视再去复盘、找缺点？

芦苇：这是投资者的想法，作为主创你不能这么想。我们对很多经典的电影是作批判的，对自己的电影，为什么不能做一个总结呢？我觉得这是中国电影人“自我封神”的一个误区。我跟王全安说了多少回，咱们得开个会，研究一下，检讨一下。他说，对，很有必要，很有必要。

李翔：态度很好啊。

芦苇：但是落实不行。

李翔：您在写《霸王别姬》的时候，有意识到这部电影会成为华语电影的特例吗？

芦苇：没有，我们就是想拍一个正常的、合格的、好的电影，根本没有想到它后来得那么大的奖。我们要奔着这个去的话，恐怕这个剧本就写不出来了。压力太大了，就不正常了。

李翔：您对经典的定义是什么？

芦苇：比如《阿拉伯的劳伦斯》[1]是经典。我们不敢称自己是经典，不好意思，距离还是很大的。

---

① 大卫·里恩 1962 年导演的电影，他凭借此片获得了奥斯卡金像奖最佳导演和金球奖最佳导演。

你把《霸王别姬》和《教父》(1972 年)比一比，和《七武士》(1954 年)比一比，还是有差距。差距就是我们应该面对的问题。作为一个正常的电影人，跟正常的运动员一样，你始终要知道自己的长处和自己的短板。

现在的人是不管得了什么奖，都觉得自己是腕儿，是天才，是大师了，你还怎么正常?《霸王别姬》一出来，当时凯歌，包括这个班底的人都不太正常了。很多人一说起陈凯歌，凯歌什么人？天才啊，都是这样的。我当时第一感觉是坏了，这个团队不正常了，都疯疯癫癫的。就跟他们中了彩票，都觉得自己就应该拿这个彩票。

李翔：但您当时是没有这种感觉的。

芦苇：我跟陈凯歌说，咱俩坐下来把这部电影的问题研究一下，看有没有问题。如果有问题，是什么问题，下次创作如何解决，这是正常的。就跟你打完一仗，就算打胜了也得总结是怎么打胜的，避免下次打败。最后陈凯歌连遭败绩，为什么呢？就是不总结。

改编和原著

李翔：在改编《霸王别姬》之前，您读过李碧华的小说吗？包括她的其他作品。

芦苇：当时李碧华的作品我就读过《霸王别姬》，之后我也没看她的小说，我也不喜欢她的小说。

李翔：她的小说是比较“妖”的那种风格。

芦苇：陈凯歌一开始不想接这个题材。徐枫[①]找他，说你拍《霸王别姬》吧，这个版权我买了。他看完之后说，干吗拍这个，我有的是比这好的题材。徐枫跟他说，你有再好的题材，先把这个拍了再说，三番五次地劝他。后来他还找我商量，说小说你先看看，咱们两个沟通一下。看完之后，我也不认为这个小说是经典小说，但是它可以成为一个电影素材。正因为它不是经典，我们可以大胆地改。你看《霸王别姬》改编

---

① 知名电影人，曾经出演胡金铨导演的《龙门客栈》（1967 年）和《侠女》（1970 年），1976 年和 1979 年两次获得台湾电影金马奖最佳女主角。后来徐枫转做电影制作，《霸王别姬》是徐枫投资和监制的电影。2017 年，徐枫获得金马奖终身成就奖。她也是一名企业家，现任汤臣集团董事局主席。

跟小说还有相似之处吗？经典可不敢这么改。你把《红楼梦》改了试试？你就没那个勇气。

李翔： 您对经典的评价标准跟其他人不一样，很多人觉得小说《活着》就是经典，《白鹿原》就是经典。

芦苇： 在某种程度上，《活着》还真的是经典，但《白鹿原》不是。《白鹿原》的小说，我跟陈忠实都说过，你这个小说要砍三分之二就是个好小说，现在太累赘了。我坚信读《白鹿原》遍数最多的人是我。

李翔： 多少遍？

芦苇： 光剧本我就写了七稿，至少得读七遍吧。中国找出读七遍的人也不多。

李翔： 您拿到一个作品，会评估改编的难度吗？比如《霸王别姬》《活着》《白鹿原》。

芦苇： 当然，这是你的本能反应。你一看小说就知道它有没有难度，难度在什么地方。

李翔：《霸王别姬》的难度是什么？

芦苇：《霸王别姬》的难度在于，你必须要把这个故事情节融入中国的历史当中，让它格局变大，成为一个能够反映一个时代的京剧科班的故事。在小小的舞台上，在有限的几个人物里，看到中国历史中发生的事情。

对原著的改动和争执

李翔：我想知道您改编《霸王别姬》这个剧本，会跟原著作者李碧华有很多的讨论吗？

芦苇：一开始陈凯歌不想接，是徐枫说服他的。他一找我就告诉我，李碧华是原著者，你是编剧，我需要看你的剧本，剧本好不好就看你了。后来开始写剧本，李碧华也写了一稿。她是忠于小说的，没有任何改编，是把小说按电影格式写出来。

我们就来了一个大动干戈，把她的结尾彻底改了，后四分之一彻底放弃。她的结尾是一个大团圆，程蝶衣还结婚了，找了一个茶叶店的党支部书记成家，后来他们（程蝶衣和段小楼）在香港重逢。这是小说本来的情节，我们都拿掉了。①

① 小说《霸王别姬》结尾的人物命运是，段小楼辗转来到香港，程蝶衣在"文革"后成为京剧团的艺术顾问。段小楼在香港偶然看到程蝶衣和京剧团到香港演出，二人重逢。电影《霸王别姬》的人物命运是，段小楼和程蝶衣都挺过了"文革"，演出前夜，二人到体育馆内排练，排练结束后程蝶衣自杀身亡。

李翔：这种比较大的改动需要跟李碧华沟通吗？

芦苇：没必要，制作方和出品方有改编权，她没有权力干涉我们。

李翔：电影出来之后，她跟你们有互动吗？

芦苇：她见过我一次，见了以后她就说，改得不错，给小说添分了，说了这么一些话。后来在《电影编剧的秘密》里，我把当时跟陈凯歌的一段真实对话给说出来了。当时凯歌认为她的小说是三流小说，他问我认为小说怎么样。我说刚看完，小说当然是二流小说，不是一流，但正因为是二流小说，我们可以随心所欲地改。一流的话你会有障碍，那是经典，轻易不要动它。像写《活着》的剧本时，尽量不动它的结构。而且因为我很喜欢那个小说，也舍不得动。但是《霸王别姬》就没有什么顾忌，想怎么动就怎么动，而且也有这个权利。

李翔：当时李碧华也接受了修改，而且她的表现还是很谦逊的。

芦苇：当时电影得大奖了，她高兴得很。后来我说她的小说是二流小说，凯歌说它是三流。这个谈话一发表，李碧华看过，大怒。她很生气居然有人说她的小说是二流小说、三流小说，就在媒体上骂我，说我是流氓，当年把我叫来，就是让我来修改台词的，根本就没有对剧本进行创作……

生气我可以理解，我也不跟她一般见识，骂就骂吧。你就是骂我，我也不能说你的小说是一流的。小说在那儿搁着呢。而且最有意思的是，她把电影的剧情和我剧本的内容放到小说里面去了。在她 1993 年之后出版的小说《霸王别姬》里，有很多电影里的内容。她最老的版本我这儿还有一本，就这么薄薄的一本，后来是把很多电影内容加进去了。我想我也对得起你了，你的小说变得这么厚，内容哪儿来的啊？

李翔：亦有贡献。

芦苇：我是合作者，你要用我的材料，跟我打个招呼也可以，后来她连招呼也不打。我觉得起码的礼节你总该有，你说我要出再版小说了，要用你的情节，帮我一下。大家都是熟人，一点问题也没有。后来她在网上大骂我，还组织律师团要起诉我。

李翔：就是因为那一句话？

芦苇：就是因为那句话，把她给彻底惹怒了。我一想，你要起诉，我也起诉，咱们就打官司，热闹，你也出名，我也出名。我把律师都请好了，律师费也交了，结果她也没起诉，大概觉得起诉我未必有胜算。

李翔：我也看了李碧华的小说，当然我已经分不清楚是哪个版本了，我不知道哪些情节是她后来加进去的。

芦苇：她的小说里，本来菊仙只是一个影子式的人物。李碧华就说菊仙是一个妓女，露了一两面就没故事了。师傅的形象跟我们后来写的完全不一样。小豆子、小赖子这两个人物在小说里面只有名字，没有故事。小赖子上吊的情节也没有。断手指的情节，小说里面也没有。断手指这个情节是怎么来的呢？我老婆画画的老师，本来是六指，考美院的时候，人家说你手指头不太方便，于是她就做了一个手术，把那个指头去掉。这个情节我觉得我们可以用，就用进去了。

“你必须了解每一个角色”

李翔：那部电影里有一个特别经典的场景，也是讨论很多的。北平解放之后，程蝶衣演出唱破音，但是没有人喝倒彩，反而是解放军整齐地开始鼓掌。

芦苇：小说里没有这些，是我写的。

李翔：这个灵感来自什么地方？

芦苇：这就需要读大量的京剧老艺人的回忆录和京剧史，你才知道。金少山[①]失过音，他当年是“中国第一花脸”，这里面有金少山的影子。金少山因为抽大烟，嗓子坏了，最后死得很惨。他曾经作为“中国第一花脸”红得不得了，但死的时候曝尸野外，是同行替他收的尸，梨园行出钱买的棺材，他自己都没钱买棺材。就因为抽大烟，彻底把自己毁掉了。

《霸王别姬》里面所有的情节在京剧界都有出处。比如最

① 知名京剧演员，1890年生人，1926年开始与梅兰芳多次合作《霸王别姬》，因为饰演项羽，人称“金霸王”，1948年于北京去世。

后枪毙袁四爷的时候，葛优[1]是迈着台步走上刑场的。武汉的一个戏霸，被枪毙的时候，就是迈着台步奔向刑场的。小说里没有，都要靠你自己研究资料，靠对京剧史的了解，才能写出来。

李翔：包括“文革”初期辩论现代戏是不是京剧，这个也是加进去的？

芦苇：是加进去的，小说（里）没有。

李翔：是当时真实发生过的场景吗？

芦苇：这也是你必须对京剧要了解的原因。当时关于京剧改革的问题讨论了很长时间，京剧界对于演现代戏有抵触情绪，老艺人都不太接受。后来经过了一番改造、斗争，京剧界才开始逐渐接受。包括一些老艺人，像李少春[2]这些人，也转变了立场说，那就改吧，试一试。

李翔：关于破音的细节，有很多争论。

芦苇：我当时写的时候，只是觉得它的含义非常丰富，这里面有新旧交替的阵痛。你能看到解放军的军纪和国民党的军

---

① 葛优在《霸王别姬》中饰演戏霸袁四爷。

② 知名京剧演员，曾与梅兰芳合作《四郎探母》，并得到梅兰芳的提携。1938 年拜京剧名家余叔岩为师，成为余叔岩的七名亲传弟子“三小四少”之一。

纪是截然不同的。这也说明了解放军为什么能够得天下，为什么能打败国民党。对于程蝶衣和段小楼来说，他们没见过这种军纪。

一部电影的含义是多方面的，可以做各种各样的解释，最好能做三层、四层的解释，这是最好的电影。这是电影的功夫。有的电影的问题就是非常单调，没有含义，就事论事，不能引起人的联想，不能给人更丰富的信息。

光解放军这一鼓掌，解放军这一唱歌，“向前向前向前，我们的队伍向太阳，我们是一支不可战胜的力量”，就能说明这个世道真是要变了。网上很多人都说年轻的时候看不太懂《霸王别姬》，等到成年以后，他们觉得看懂了。我觉得这也是事实，让太年轻的孩子们看这部电影，接受它、解读它，是有困难的。这部电影是拍给成人看的。

李翔：也会有人认为，再次看的时候，看到这一幕，觉得它表达出了革命之下，大家未必是欣赏艺术的。

芦苇：好电影的妙处就在这儿，你可以做各种各样的解读。电影不告诉你什么，但是它启发你，让你自己联想这些问题。这是电影最迷人的功能之一。

李翔：就是它是没有标准答案的。

芦苇：好的电影没有标准答案，比如你看美国电影《教父》告诉你多少内容。

李翔：包括“不疯魔不成活”这句话也是您提炼出来的？

芦苇：“不疯魔不成活”是科班里面教师爷的一句口头禅，这也是剧本里面的，小说里没有。她（李碧华）对科班不完全理解。

李翔：她懂京戏吗？

芦苇：不知道。她对京剧肯定没有我们懂得多，我们从小看京剧长大。

李翔：包括您讲过，程蝶衣一定得死，但小说里面程蝶衣是没死的。

芦苇：程蝶衣不但没死，还过上了幸福生活，结婚了。

李翔：为什么您跟李碧华对程蝶衣命运的认知这么不同？

芦苇：这跟戏剧结构有关系。因为你的主题和你的主线是《霸王别姬》这部戏，你的人物命运最好是跟戏曲的人物命运暗合。我们都知道虞姬是怎么死的。程蝶衣就是一个人戏不分的人，他沉迷到里面出不来了，他认为他自己就是虞姬再世。

李翔：您在写这个剧本的时候，会有那种“不疯魔不成活”的感觉吗？

芦苇：有，用陈凯歌的话说，我杀红眼了。我自己也感觉很长时间出不来，写完以后我急着回西安，就是想摆脱这个语境，不再在这个环境中生活了。工作结束了，你该停一停，静下来，这样才能重新判断这个剧本。

李翔：只要待在北京，待在剧组里，就整天想琢磨这个事，总想改？

芦苇：当然，你在写剧本期间是很投入的。我当时的办法是拿剪刀剪张纸条，贴在不要的台词上，在上面重写。后来贴了很多层，很厚。我记得我为一句台词写了一晚上，始终找不准确，就写了改，改了写，最后到天亮才写出来。就是妓院老鸨的台词，巩俐走的时候把自己的鞋脱下来往那儿一放，然后妓院老鸨急了，跟她翻脸，骂她，说你还成良人了。就是那一句话。[①]

李翔：窑姐儿永远是窑姐儿。

芦苇：窑姐儿永远是窑姐儿，这就是你的命。我想了一晚上，到了天亮的时候我才觉得写准了。

李翔：刚才您讲的很多都是基于真实的情景吗？

芦苇：（20 世纪）二三十年代的老鸨怎么骂人我是不知道

---

① 《霸王别姬》中巩俐饰演的菊仙，在妓院自己给自己赎身，最后一个举动是脱下绣花鞋放到桌子上。老鸨把桌子上的银圆、珠宝往地上一扫说：“你当出了这门儿把脸一抹洒，你还真成了良人啦？你当这世上的狼啊虎啊就都不认得你啦？我告诉你，那窑姐儿永远是窑姐儿，你记住我这话，这就是你的命。”

的，所以你就要进入那个语境里去。

李翔：写的时候会感觉精神分裂吗？因为要代入很多个角色。

芦苇：精神分裂倒不至于，但是作为编剧，你必须要了解每一个角色。我现在看好多剧本都觉得，编剧不了解角色是怎么回事。

李翔：他们可能也没有那么长时间去做“缓进”的工作。

芦苇：你让他们一晚上写一句台词，他们做不到，这是态度问题。立场决定态度，你要对你写的东西负责任才会这么做。

李翔：您对人物的理解，包括您基于真实的京剧的历史，对很多台词和情节的编排，需要跟演员交流和解释吗？

芦苇：我不需要，我把剧本写完，都在剧本里，导演会给他们解释。

科班里面的生活，我参考了大量的科班的书。那时候有一本书对我启发特别大，袁世海[①]老先生的回忆录。他是富连成科班毕业的，我能够进入那个语境里去，都是因为他那本

① 1916年生人，京剧表演艺术家，以饰演曹操知名。他在京剧科班富连成学艺，富连成原名喜连成，是京剧史上办学时间最长、规模和影响最大的科班，在因战乱而停办前，培养了喜、连、富、盛、世、元、韵七科学生。

书。叶少兰[①]叶家他们的回忆录，包括盖叫天[②]、周信芳[③]他们的回忆录，我都看过。光京剧人的回忆录可能看了一二十本，能找到的我都看了。还包括当年京剧界第一拉京胡的王少卿[④]，他的回忆录很难找，我是在中国戏剧家协会资料室查到，然后借出来的。除了搞专业的人，没有人看这本书，但是你要看。你是编剧，你要了解。电影中有一些拉京胡的琴师的戏，你要写出来。

李翔：感觉今天确实不会再有编剧下这样的功夫了。

芦苇：可这是基本功，是你必须要做的事情。今天的编剧都是干活的，哪像我们那时候。现在可能会觉得，用一年时间干什么？没必要。

---

① 1943 年生人，京剧表演艺术家，他的父亲叶盛兰和祖父叶春善都是京剧表演艺术家，叶春善在 1904 年创办了富连成，并且担任社长 30 余年。

② 1888 年生人，京剧表演艺术家，以饰演武松知名，号称江南第一武生。

③ 1895 年生人，京剧表演艺术家，也是富连成科班出身，首位把导演制引入戏剧的艺术家。

④ 京剧琴师，20 世纪 20 年代在梅兰芳新编剧目《西施》里首次用京二胡为梅兰芳伴奏，成为第一位拉京二胡的艺术家。

编剧和导演如何合作

李翔：回到《霸王别姬》的剧本，陈凯歌导演来跟您合作，对您有什么要求吗？

芦苇：他对我的要求很简单，就是你写出好剧本来。我对他的要求也很简单，我就说你不要写一个字，你不许插手，你要插手咱就甭干了。既然让我当编剧，就是我对剧本负关键的责任。我在书里也写了[①]，我说，你看剧本的时候可以标“上、中、下”，“上”我就不改了，“中”咱们俩切磋，“下”我必改。那个剧本的原稿我还搁着，他都标了上、中、下。

我就写了两稿。他第一稿看完就鼓掌，那时候他跟洪晃还在一起。我们在洪晃的公司，我在那儿喝咖啡，他在那儿看剧本。看完之后他说，吃饭吃饭，请你吃饭，行了，基础有了。他很高兴。

写完第二稿，我自己说还是不行，恐怕还得再改一改。他就说，芦兄，你杀红眼了吧，行了，没问题，你再弄，弄不好

① 指芦苇和王天兵合著的《电影编剧的秘密》。

就弄坏了。我当时还说这不行那不行，那时候就是有点较真儿了，有点走火入魔。

李翔：像您对凯歌导演提的要求，比如不准插手编剧，之后也会对其他导演提这样的要求吗？

芦苇：很少，一般人家找你合作，都对你放心。有时候他们要参与编剧，比如像《图雅的婚事》，王全安也挂编剧了。那个故事的素材是我找的，剧本是我的，资金都是我拉来的。我知道他急于证明自己，再一个我当时觉得《图雅的婚事》坚持拍完很不容易，他也很憋屈。体验完生活了，电影马上要开拍了，资金链断了，王全安把飞机票都买了，说，芦苇要不然你来拍这个戏，我就不拍了。我说，不行，你别走，我对导戏、对表演没有你内行，你还是留下来，咱们把这个事干完。从晚上 7 点说到 11 点，把他说服了，留下来，继续拍。

我觉得我们已经准备到这个程度了，剧本也写完了，万事俱备，放弃太可惜。我给他讲了无数电影史上动人的故事，他感动了，他说，芦苇只要你不走，我就不走。我说，我坚决不走。

他那时候跟制片人的关系很紧张。制片人一方面没钱了，另一方面还不愿意让这个班子解散。我就跟制片人达成一致，我说我们不解散，但你必须要保证我们的拍摄费用。酬金可以不拿，我们可以先不要，但是正常的租场地、用电、用车（的费用），你得保证。就是这么拍完的。王全安当时也没拿到酬金。我是四年以后，都到 2009 年了，才拿到酬金的。

李翔：听下来，您对王全安这样的年轻导演，扮演的有点类似于导师的角色。

芦苇：说导师有点拔高了，但你必须要起个作用，谁都可以撤，你不能撤。你一撤，这个戏就完了。后来电影拍完，他动了当编剧的念头。当时他在做后期，钱又少，我说你要当编剧你就当，咱们俩一起，我接受，只要你坚持把片子做完就可以。

当时制片人对他是完全不信任的，对我都不信任。制片人见人就发牢骚说，我上了芦苇的当，芦苇拉来一个北漂给我拍戏。

李翔：人家理解是你攒的局。

芦苇：制片人对我很失望。最重要的是，王全安跟他连话都不说。因为王全安还没开拍就提出一个要求，他要承包这部电影。制片人当时也没钱，哪儿来的钱让王全安承包啊，就说不行。他俩就闹掰了，彼此不说话。我一想这种情况，我再一走，就拍不成了。不拍的话，挺可惜。还是拍吧，电影人嘛，你不拍电影干什么呢？

李翔：“承包”的意思就是制片人给导演一笔钱，然后就不管了？

芦苇：是制片人要把所有的资金，比如投资 500 万，都打到导演的账上，然后导演负责给你交片子，这是承包制。导演当时要这么干，制片人不干。

创作状态

李翔：您现在回头看的话，为什么《霸王别姬》按照您的表述，可以呈现为一个正常的电影？

芦苇：当时的创作氛围是非常健康的，就是要拍好电影，怎么把素材变成我们要的东西。所有的一切就只有一个目标，就是拍好电影。必须要有精彩的故事，必须要有鲜明的人物，必须要有正常价值观的指引，还有很多创作上的技巧的问题，比如一些精彩的桥段怎么组织起来，怎么连贯成为一体。当然这些东西也必须要做工作，但是首先必须要有拍好电影这个目标，接下来才有具体的办法来解决这些问题。

李翔：当时的导演、编剧、演员、音乐，所有人都认同这个目标的设定吗？

芦苇：我觉得是不约而同地。首先凯歌的状态就特别好，虚怀若谷，而且特别努力，特别认真。当时他自己写他对《霸王别姬》人物的理解，我看了以后，首先就能感觉到，这种功夫他是下了的。所以我的剧本一出来，我们俩就能有效地沟通、交流。

李翔：当时他还是一个很有开放性的导演。

芦苇：他当时的创作状态很正常、很健康，而且他也比较昂扬。那时候我觉得他也有他的压力。因为在电影学院的时候，他被认为是导演系最有希望的一个学生。可是那时候张艺谋已经得了两次世界大奖，他连一次也没得过，对他无形中也是一种压力。他状态特别好。

李翔：他对人物的理解跟您对人物的理解，也是很吻合的吗？

芦苇：你对人物的设定和设计，你写的戏，他都能看出来为什么，也都吻合他的要求。这一点上，我们在《霸王别姬》合作特别愉快，也很轻松，因为目标一致。他能看懂你写的东西，他知道你的戏好，他的判断力是非常清晰的。后来很多记者说，怀疑那个戏是他爸爸导的，那是胡说八道。他爸爸是起了很好的指导作用，但是要说导戏的话，确实是人家凯歌导的，这个我可以当旁证。

李翔：他爸当时在里面扮演的角色是什么？

芦苇：第一个看剧本的人是他爸爸，因为他当时在拍《边走边唱》。我写完之后交给他爸爸，当天就买机票回西安了，家里有事。当时还没有手机，都是座机。我回到家，半夜三四点我都睡觉了，电话响了。我想，谁半夜三更打电话？一接，是他爸爸。他爸爸很激动，说刚把剧本看完，原话我都记得很清楚。他爸爸说话带点福建口音，他说，芦苇，你是鬼才啊，你的剧本写得太好了，我都看哭了。他爸是我们很尊重的老前辈。我说陈老师您能这样肯定我的剧本，我听了非常感动。他说，写得好，我睡不着觉，给你打电话，要告诉你我很激动。

当时我就想，真是性情中人，谁家老爷子半夜三更地看剧本，那么大的年纪还这样。他爸爸真是很少见的人。我那时候在北影写剧本，他爸爸还经常叫我到他家去吃饭。他那时候有一个保姆做饭，他一个人，说你来陪我吃饭。后来到饭点了，他不叫我，我都去，反正有吃的。

他爸爸专门跟我谈了一次话，他说，芦苇，你跟凯歌得合作，我是衷心希望你们合作下去，你们都是要做电影的人，谁做电影是真的，谁做电影是假的，我是能看出来的，你们俩合作好了，就能拍一个好电影，你们可以互补。我当时听了很感动，我说陈老师您能这样看后辈，这样看重我，我没问题。那时候我跟老爷子关系特别好。他爸爸去世我很伤心。

李翔：你们后来没有合作，就是因为大家都太骄傲了吧，陈凯歌也是一个骄傲的人。

芦苇：后来他要写《风月》的时候找过我。经过了解以后，我对那个题材没兴趣。据我所知，在上海根本就没有“拆白党”这个事，没有的事你怎么拍啊？我就失去了动力。因为我是不写我不相信的事情的，我写不出来。要写，起码我得相信它。

他还让徐枫来说服我。徐枫给我开了一个很高的剧本价码，高到我当时想，还有这么多钱，心里动了一下，为钱也值得。后来一想，根本不相信这个事，你得受罪，钱固然有诱惑力，但是受罪也不好受，算了算了，还是不受罪了，钱还是不要了。

李翔：所以您对凯歌导演负有一定的责任。（笑）

芦苇：我倒没有责任。就是跟他合作，我也写不了，因为你没有动力。我觉得不管导演还是编剧，原动力很重要，当你失去了动力，你真是啥也干不了。即使干起来，也很假。我觉得电影是需要你百分之百、全身心投入的一个事情。你自己先怀疑自己，你还能全心全意吗？不可能。

被打断的合作

李翔：当时您跟凯歌导演的合作，从各方面看，结果也很好，包括他父亲也希望你们继续合作下去，你们当时对合作也是满意的，这种合作模式为什么没有复制下去？

芦苇：主要是他第二部电影的主题和题材我不喜欢。后来继任编剧都是我推荐的。我第一个推荐了叶兆言，我说第一叶兆言小说写得好，第二他对南方的城市生活比我们熟悉，你找他，跟他合作。他担心叶兆言不懂电影，我说你可以找王安忆，王安忆的小说曾经被改编成电影，她有经验。他就找王安忆去了。

李翔：合作被打断之后就很难再续上了吗？

芦苇：最关键的是，我认为他在拍《风月》的时候思路是错误的。

李翔：怎么讲？

芦苇：因为你的故事不成立。没有"拆白党"，你怎么编？我是不相信的。

李翔：你有跟他讲吗？故事不成立。

芦苇：讲了。

李翔：但他还是要拍。

芦苇：他说你编啊，一编就成立了。

李翔：这是原话吗？

芦苇：是啊。他说哪个戏不是编出来的，《霸王别姬》不也是编出来的。我说编也要有依据，你没有依据啊。

李翔：您当时写剧本是一次性写完，然后给导演，大家讨论，还是说写完一段，或者写完几场戏，大家就会讨论一下？

芦苇：一般情况下，就是正常写完一稿就交，交完之后导演提点修改意见。如果（意见）我也接受，那就修改。

李翔：像《霸王别姬》这个剧本，导演有挑战您吗？

芦苇：好像没有什么挑战，因为合作非常融洽。有时候他会非常鼓励你，他说这场戏写得好，这个台词好。交完第二稿，他看完之后说，行了，没问题，可以开拍了。我说，我就告辞了，我要回西安了。他当时把我一搂——因为当时合作都很熟了，他说，你别走，兄弟，咱们俩现在是在一条船上，船翻了咱俩一块儿翻，船要是浮在水面上，咱们俩一块儿。他当时说的话很感动我。他说，我告诉你，我觉得你已经是我的好兄弟了，以后咱们俩要长期合作，不能就这一部戏。

李翔：大家都有这个意愿。

芦苇：我当时也很激动，我说，凯歌，只要你干我就干，只要我能干，我就帮你干，我是非常乐意跟你合作的。当时彼此说了很多很感人、很走心的话。但是我没想到的是，最后一得大奖……

后来他让我去北京跟他讨论下一个剧本，我就来了。我一看，张进战来接我了，好家伙，一辆加长版的凯迪拉克，里面还是一个女司机，戴着白手套。把车门打开，一进去，里面是各种各样的酒，乱七八糟的吃的喝的。张进战就给我挤眼说，芦兄，怎么样？我说，牛啊。当时我个人感觉就很不好，摆这个谱儿干吗？我们把精力和时间用到电影上不好吗？

后来凯歌一见我，他说，芦苇你陪我去，刚好我要到工商局去领执照。我说，你领什么执照？他说，我办公司了。我一想，这个人身份变了，从导演变成老板。这个改变不能说没有影响，一定会影响他的创作和创作自由。我当时说了一句话，我说，凯歌，你办公司，从此以后你要受累了。这句话我自己觉得我讲得意味深长，但是他听明白了没有我就不知道了。后来事实证明，他果然是没有。

“该得罪的都得罪了”

李翔：今天应该几乎所有比较知名的导演都是公司的老板。

芦苇：主要是心态的转变，你看问题的方式跟过去不一样了。你过去是一个导演，是专业人员的眼光；你现在是个投资者，是投资商的眼光。这两者是不一样的，不能掺在一块儿。如果你当了老板，比过去拍得还牛，证明当老板有价值，一位电影艺术家当老板，焕发了新的生命力。可问题是，拍的电影都越来越不像话，换句话说，你作为导演已经死亡了。

我特别反感一个现象，导演要把电影署名为自己的作品——某某某作品。这个风气太坏了。凭什么是你的作品？我觉得都是自大狂。你看外国电影，除了艺术片导演偶尔会这样，一般都不会这样。科波拉[①]拍那么多电影，没有一部作品

---

① 意大利裔美国导演，代表作包括《教父》三部曲和《现代启示录》（1979年）。

这样。斯皮尔伯格[1]也不会。中国导演就会。

李翔：也是为了塑造导演的个人品牌吧？

芦苇：说好听是自恋，说不好听是狂妄。凭什么投资人掏钱是你的作品？而且电影本质上是一个集体创作，怎么成你一个人的作品了？还有编剧，还有摄影，还有美工美术，还有演员，还有音乐，这是大家的作品。这个风气很坏，不正直。

李翔：这个风气从什么时候开始的？

芦苇：大概是从 2015 年以后开始的，以前还没有。

李翔：您有跟别人表达过吗？

芦苇：好像没有，也没有人问我这个问题。我的话你完全可以发表，一发表他们大概也就知道我反对这个。

李翔：您不担心得罪人吗？

芦苇：该得罪的我全得罪了。（笑）我把陈凯歌也得罪了，我把张艺谋也得罪了，我都批评过他们。包括王全安我也得罪了。

李翔：大家不会心眼儿这么小吧。

芦苇：最后得罪谁没得罪谁，我心里有一本明账。比如说，当年《华商报》在西安组织了一场陈凯歌的电影《无极》

---

① 美籍犹太裔导演，代表作包括《E.T. 外星人》（1982 年）、《侏罗纪公园》（1993 年）、《辛德勒的名单》（1993 年）、《头号玩家》（2018 年）等。

的首映式，把我叫去了。看完以后，记者采访我对这部电影的看法。我当时就有话直说，把这部电影骂了个狗血淋头，说这部电影的主题很虚化，情节很混乱，人物不能成立，讲了一大堆。《华商报》第二天文化版头版头条就是，编剧芦苇说陈凯歌电影《无极》怎么怎么样。我对陈凯歌是了解的，我相信我们俩就这一刀，就完了。果不其然，他以前还老给我打电话，从此电话一个也没有。你不给我打，我也不给你打。

李翔：大家都这么要强。

芦苇：你走你的阳关道，我走我的独木桥。但我觉得我说这个话是对的，我是个观影人，观众难道不能说自己的观感吗？如果我为了维持跟你的关系，我连电影观众的资格也不要了，那我的代价太大了。

李翔：他可能会认为，您应该私下单独跟他讲您的批评。

芦苇：赵季平就跟我这么说。赵季平看到我骂陈凯歌，他说芦苇你咋了，有啥话你背后说嘛，你不要在面儿上骂他，你不该这么做。可是我有我的想法，这么做也许对不起合作者，但作为观众我有这个权利。

李翔：是不是批评的时候也没想到报纸会登？

芦苇：后来我见了《华商报》的记者还开玩笑，我说你把我给“卖”了，本来在电影圈我能混碗饭吃，现在大导演不跟我合作了。记者说，芦老师，当年我采访的时候都跟你说了是要发表的，你自己说，只要是你说的话，都可以发，我们都当真了。我说，我跟你开玩笑的，你爱报道啥报道啥，言论自由。

李翔：但是您是不排斥继续跟他们合作的，是吗？如果导演发出邀请，并且给您相应的尊重。

芦苇：这个完全要看机缘，看题材，以及他们的意愿。我坚信他们再也不想跟我合作了，因为我骂他们了。

李翔：所以您在这方面的想法更靠近西方人，是吗？

芦苇：我认为我的想法是一个正常的、健康的想法。电影是公器，作为观众，我有权利说我喜欢不喜欢。不能因为我是你的朋友，我就拍你的马屁，那对你也是误导，对你也不负责任。

同张艺谋合作《活着》

对《活着》的改编

李翔：前面您提到，《活着》这部小说被改成电影，改编没那么大？

芦苇：《活着》的改编也够大的。小说里根本没有皮影戏，而且福贵是地主，最后变成农民，而我们写的完全是城镇的故事。小说结尾很悲惨，人都死完了，就剩福贵一个人在那儿喂牛，因为没有人跟他说话，只有把自己的家世讲给牛听。他（余华）的小说从风格上来说，是象征派小说。电影不是这样，电影很实在，结尾还有一半人活了下来。我认为这是比较真实的。

李翔：所以电影相对于小说更乐观一些。

芦苇：小说是很绝望的。在电影里，我们给它增加了一些家庭生活的温暖气息。很多人看了《活着》，觉得电影虽然也是一个比较悲惨的故事，但它的语调和笔触很温暖。这也是为什么很多观众爱看，因为电影有浓厚的亲情在里面。对于中国人来讲什么最珍贵？就是亲情。没有什么理想非要实现，没有超越自我的宗教情怀，有的就是家庭和亲情，这就是生命全部的意义。我觉得《活着》体现得很充分，把这点写足了，中国人就出来了。

李翔：你们在做这样的改编时，结尾的变化，包括加了更多的亲情和家庭，是完全基于创作的考虑，还是也会考虑要过审等需求？

芦苇：过审的因素有，但最主要的不是考虑过审，而是故事的合理性，这是最根本的原因。我们做了那么大的调整，变得那么温和，最后还是没有过审，但这不是我们的责任。而且当时的制片方和投资方对我们表示了极大的敬意和理解。我后来见过那个老板，叫邱复生[①]。当时他请我吃饭，我心有歉意，跟他道歉，第一句话就说，对不起，这部电影没过审，你的投资损失掉了。他很大度，说没关系，海外发行全部收回来了，内地市场放弃就放弃了，而且你们这个活儿做得很好，我脸上有光。（笑）

李翔：把皮影作为贯穿《活着》电影的一个关键的物件，这是您的创意吗？

芦苇：我在1989年的时候拍了一部纪录片《关中皮影》，拍的就是陕西皮影艺人。张艺谋看了这部纪录片，很喜欢。后

---

① 知名电影人和媒体企业家。1988年，邱复生的年代公司投资拍摄了侯孝贤导演的《悲情城市》（1989年），之后邱复生投拍了张艺谋的《大红灯笼高高挂》和《活着》。

来我们就说好，一定要拍一个跟皮影戏有关的电影，因为皮影戏就是过去中国民间的电影，都是光影。双方有这么一个默契。我还写过一个剧本叫《桃花满天红》，写的就是皮影艺人的故事。

1993 年拍《活着》的时候，我们就想，为什么不趁这个机会把关中皮影戏加进去。开拍之后，张艺谋说，芦苇你负责联系一些老皮影艺人，叫他们来演出，你负责招待他们。在给皮影戏老人讲电影的戏时，我都得在场，因为老艺人能听懂我的话，有时候听不太懂张艺谋的话。虽然他说陕西话，但是他不会说渭南话。老艺人都说渭南话，我会说，所以我就充当一个中间角色，告诉他们张艺谋是什么意思。

李翔：您为什么会说渭南话?

芦苇：我在陕西生活时间长。渭南话其实就是比西安话硬一些，它属于关中的东路话，语音比较硬朗，说起来铿锵有力。陕西的西路话，我们叫西府话，比较柔和，《秋菊打官司》（1992 年）里面是西府话。

李翔：我自己的观察不知道准不准确，您还蛮喜欢在电影里用一个象征物去贯穿电影的，比如《活着》里面的皮影道具，《霸王别姬》里的宝剑、糖葫芦。

芦苇：这是电影的一个特点，电影有贯穿道具，《霸王别姬》里的那把剑，就是贯穿道具。这些都是电影手法，你要会用。

“蹭出火花来”

李翔：您讲过一句话，编剧和导演之间需要互相挑战。写《活着》(的剧本)，您跟导演有发生互相挑战的情况吗?

芦苇：有啊，有的时候我觉得他的主意很好，有的时候我觉得我的主意很好。最主要的是，那时候的创作氛围是开放和民主的，大家都对电影有很热切的态度，希望把电影拍好。当时主创是必须参与剧本讨论的。我们开讨论会的时候会把葛优、巩俐都叫来，他们也必须参加。他们不太参与讨论，但是也不能走。

李翔：不讲话?

芦苇：有时候就干脆在沙发上睡着了。

李翔：在您跟张艺谋、陈凯歌这样的第五代标志性导演的合作中，您觉得这两位导演风格有不同吗?

芦苇：张艺谋讨论剧本的时候，所有的主创，包括主演，都必须在场，他喜欢集体作战。这是他过去的风格，现在什么样我不知道。陈凯歌要讨论剧本，只跟他爸爸和我三个人，在他们家一场戏一场戏地过。凯歌不跟别人讨论。张艺谋是要跟所有的主创讨论。

李翔：如果所有主创大家一起讨论剧本、挑战剧本的话，编剧是不是压力比较大？

芦苇：没有任何压力，他们提的问题就是观众的问题。视角不一样，对编剧是大有好处的。提的问题越多越好，这样就有备无患。

李翔：您年轻时就这么想？

芦苇：对，当时就这么想，参与的人越多越好，他们就是第一批观众。你的故事讲得好不好，他们最敏感。

李翔：他们会给出非常有挑战性的问题吗？

芦苇：我们叫“蹭出火花来”。有时候很尖锐，有时候也会出很好的点子。

《活着》有一个姓刘的副导演，他也参与讨论，那时候他忽然说了一句话，我觉得说得特别准。电影里葛优不是赌博嘛，回到家巩俐就劝他，说你再赌下去，这日子怎么过啊，没法过了。葛优就跟她耍贫嘴，说戒赌跟戒大烟一样，得慢慢戒，咔嚓这么一断，得出人命。这句“咔嚓一声”，是姓刘的副导演说的。他当然是无意中这么说，但是我听者有心，我觉得“咔嚓一声”这句台词很好。“咔嚓”实际上不是陕西话，但是我觉得它很准确，就用上了。作为一个编剧，生动、准确是你的目标。所以编剧得时时刻刻沉浸在自己的语境中，这样你才会有一种职业的敏感。

小说作家和编剧是两个行当

李翔：对《活着》做这么大的改动，需要跟余华沟通吗？

芦苇：不需要。《活着》的编剧署名了两个人，一个是我，一个是余华，然后又给我署名了一个定稿剧本，特意出了一页字幕。余华在卖版权的时候就说他要当编剧，没当过，想试一试。实际上也可以拿两份稿酬，小说版权是一份，编剧是一份。我们都理解。张艺谋当时说，剧本是你写的，为了说明这一点，给你署名个“定稿剧本”吧。

李翔：说明张艺谋人不错。（笑）

芦苇：《霸王别姬》因为编剧署名的问题，我曾经跟陈凯歌闹过一次意见。拍摄完了，我一看（片子），我说李碧华应该是小说原著，我是编剧。陈凯歌说，没办法，字幕都做好了。那时候字幕是胶片做的，不像现在的电子格式，说换就换。要改胶片底片，工程就大了。凯歌说，这样吧，这是香港版本，电影将来要在内地发行，我给你一个人打编剧。我说这也可以。后来我真在内地看到过一个北影厂的版本，编剧署名只有我一个人。

李翔：为什么好作家不一定能够成为，或者大概率很难成为一个好的编剧呢？在美国，福克纳、菲茨杰拉德都做过编剧。

芦苇：因为小说作家和编剧完全是两个行当，虽然都是写作，也是隔行如隔山。

李翔：会有作家来跟您讨论这个问题吗？

芦苇：很少，因为他们都知道我是专业编剧，我是电影人，我的身份在那儿搁着呢，我不会和你讨论剧本。你不懂剧本，就跟我不懂小说一样，这是两个行业。我就对荧幕上那两个小时负责任。文字里的东西是你的事，戏剧里的东西是我的事。

但是自从电影诞生以来，有一个很有意思的现象，第一流的作家都喜欢写剧本，包括福克纳，包括赛珍珠，但他们写电影剧本也有问题。因为是两个行当，小说多自由，电影编剧多不自由。

李翔：不自由是时间线带来的，还是成本带来的？

芦苇：有成本问题，也有时间和空间问题。只有两个半小时的荧幕空间，而且你不能写心理活动，必须通过设计台词，设计动作，设计事件，来表示人物的心理。小说可以天马行空，随便写。

李翔：您有萌生过念头要搞小说创作吗？毕竟自由。

芦苇：我其实以前写过小说，但只写过一个中篇，没有发表。

李翔：（20 世纪）90 年代吗？

芦苇：70 年代。我写了我的一天生活，名字就叫《一天有 24 小时》。我自己手抄的，当时很多人爱看。我一看我的小说还有人这么喜欢，我也挺高兴。

李翔：后来有萌生过继续写的想法吗？

芦苇：我从来没有想过自己要写小说。我倒是想过写回忆录。包括插队的这些事、蹲监狱的这些事，我愿意写出来。我已经把插队的事情写了一半了，那段经历只有我自己有，我觉得很有意思，值得写出来。

李翔：当您知道《活着》没有过审，不能公映的时候，您的感受是什么？

芦苇：我觉得这就是现状。

李翔：就是接受？

芦苇：这不是你接受不接受的问题。我倒觉得社会是在进步。虽然这部电影被“枪毙”了，但没有“办”张艺谋，也没有“办”我。时代总是在发展，社会总是在变好。没“办”我们，就是时代的进步。

李翔：今天来看的话，《霸王别姬》电影肯定是超越小说的，《活着》做到了吗？

芦苇：我觉得它的影响力完全对得起小说。

李翔：作者本人也是认同的吗？

芦苇：我没有跟余华谈过这个问题。《霸王别姬》和《活着》的合作都很愉快，非常正常，气氛也很好，也很顺利。遇到的问题是创作上会正常遇到的问题。后来我听说会有人抱怨跟他们合作不顺利，我没有这个问题。

李翔：借用您的“戏根”[①]的说法，电影《活着》的戏根是您讲的家庭亲情，还是活着本身？

芦苇：小说和电影很不一样。小说的风格是象征主义，电影是非常朴实无华的两代人的生活片。

李翔：《活着》电影里还是能看到余华的影子，比如医生吃馒头吃到撑，有余华的那种幽默。

芦苇：吃七个馒头是余华小说里没有的[②]，这个情节来源是

---

① 即全影片的根基。芦苇在《电影编剧的秘密》中说过，“戏根若成则全剧皆通，戏根若失则全剧尽输”。

② 余华小说中也有一个吃到撑的情节，但确实如芦苇所说，不是医生吃七个馒头，而是福贵的孙子生病之后，福贵给他吃煮毛豆。

张艺谋当时讲他妈妈医院里的故事。那时候，他妈妈医院里的农场收了一些小麦，磨成面粉，给大家炸油饼。只要是本厂职工，这一顿随便吃。其中一个工人就放开肚皮吃，结果得了胃穿孔——吃得太多了。后来赶紧送到医院开刀，把胃打开，结果取出来满满一脸盆油饼。写这场戏的时候，他讲了这个故事，对我有一个形象的启发。

李翔：您编剧的电影自己会回头看吗？

芦苇：经常看，《霸王别姬》我前一个月还看了一场。看一场会发现新的问题。

李翔：发现自己的问题？

芦苇：对，有我的问题，有导演的问题，要不停总结这些经验。

选择和局限

李翔：您曾经写信给张艺谋，劝他拍《白鹿原》?

芦苇：是。

李翔：所以您认为他是拍《白鹿原》的合适的导演?

芦苇：对。他是陕西临潼人，临潼就在白鹿原底下。我写得很诚恳，我说你作为一个陕西人，吃陕西一方水土，对《白鹿原》是有责任的。他给我回了一封信，也很诚恳，他说，你说得都对，但是现在可能国家要让我当奥运会（开闭幕式）的总导演。如果国家不给我这个任务，我就一定拍《白鹿原》;如果给了我这个任务，恐怕要往后拖。后来他就导演奥运会（开闭幕式）去了。之后，王全安接了，拍了一个让人很沮丧的电影。张艺谋也不再提什么了。

李翔：在您看来，什么样的导演能够拍《白鹿原》这样的史诗题材?

芦苇：第一，起码心态上要热爱关中的乡土，这是情感的问题，要了解陕西的风俗和语言；第二，要有很好的戏剧功底，对电影比较了解。

李翔：这是一个很高的要求吗？

芦苇：是很正常的要求，但是在今天的情况下就有点高了。这种人很难找，了解陕西乡土的人不了解电影，了解电影的人不了解陕西乡土，是这两者如何结合起来的问题。

李翔：您是怎么选择合作对象和题材的？看什么？

芦苇：直觉。很简单，你能写什么剧本，不能写什么剧本，就跟你交朋友一样。有些女孩子什么都好，你就是不能交往，你说不出很具体的道理，但你有这个直觉。

李翔：在外行看来，不是掌握了编剧的方法、编剧的技巧之后，就可以处理几乎所有题材了吗？

芦苇：根本不是这样。就说京剧，你已经学会京剧唱腔了，你可以唱所有的角色吗？不是这样，也有选择，也有局限。我觉得编剧、导演跟运动员一样，不可能十项全能，或者你跳高，或者你短跑，或者你标枪。一般来说，导演也都是单项的，换一个类型就玩不转。跟唱歌一样，你是男高音，让你唱男低音试试？或者唱花腔的，你让他唱个流行曲？唱不了。

李翔：第五代导演很多是在挑战不同类型的电影吧？

芦苇：问题就出在那里。安东尼奥尼和费里尼[①]，他们永远拍自己感兴趣的题材，他们不拍那种大的商业片。好莱坞早就向他们摇橄榄枝，他们不为所动，只拍意大利本土（电影），只拍小成本电影。这是他们的艺术原则。

我们的导演不是。我们的导演要在一切方面、一切类型上面证明自己的实力，但实际上也不见得有多少才华。你又要唱男高音，又要唱男中音，又要唱男低音，可能吗？当一个人真正有学识的时候，他知道自己的局限，自己能干什么，不能干什么。这是真正对自己了解。不是说你在这个类型拍成功了，换个类型还能成功。有这样的选手吗？有是有，太少了。

李翔：那对很多人而言可能有点残酷，导演会认为我有更高的要求。

芦苇：有更高的要求是人的本能。导演在很多方面想证明自我，挑战自我。我觉得是一个规律，也是正常现象，但问题恰恰也出在这儿。你不可能什么类型都成功。只有跟你天性最吻合的类型才是最适合你的，换一个类型就不灵了。每个人都有自己的局限。后来也有人找我写剧本，让我写科幻，我哪写得了那个啊？

---

① 安东尼奥尼和费里尼都是大师级的意大利电影导演，两人均获得了奥斯卡终身成就奖。

李翔：跟您吻合的类型就是正剧和悲剧？

芦苇：正剧、悲剧、传奇。很多故事都是传奇，武侠剧就是传奇。

李翔：您明确不写的就是科幻吗？

芦苇：都市爱情也写不了，尤其今天的都市爱情。我哪知道今天的人是怎么恋爱的？根本不了解。有些老导演拍今天的年轻人的爱情故事，恐怕是有问题的。

李翔：您现在对《英雄》还是持负面的看法吗？

芦苇：《英雄》最大的问题是在主题上。

李翔：您的意思是赞成嬴政？

芦苇：武侠片在结构上跟美国西部片是一模一样的，就是作为英雄，铲除邪恶，匡复正义。像《英雄》这样，最后英雄被自己要铲除的对象说服，还自杀了，这不是颠覆武侠片的类型吗？甚至还不是颠覆类型，是颠覆它的价值观，那你拍的电影有什么意义？干脆拍个宣传片算了。

李翔：不能算是创新吗？

芦苇：这不是创新，是大倒退。我从这里面看出了价值观的问题。价值观永远是在背后左右电影的力量，价值观要是出了问题，恐怕电影会有很大问题。说句老实话，价值判断只要符合常规就可以，也不需要你是天才，要有独到的见解。什么是好人，什么是坏人，你总分得清吧，好坏你总得明事理吧。

李翔：可能导演真的这么认为。

芦苇：他就是这么认为，不然他不会这么拍，他可能还认为自己创新呢。《史记》里最有名的侠客荆轲和高渐离，两个人都刺杀秦始皇，他们可不可能被秦始皇洗脑？不可能。但是《英雄》里面的侠客就被秦始皇洗脑了，滑天下之大稽。我觉得这就是常识判断出问题了。

李翔：从他（张艺谋）跟您合作的过程中，单独为您加一页"定稿剧本"来看，其实导演是一个很好的人。

芦苇：对。我们不能用人品好坏来评价艺术家，只能就电影来说电影，我看你的电影，我有一个判断，但我们没有资格评价人家人品好坏。你看我对王全安的电影是有全面评价的，但我从来不说他的个人生活问题，因为那是他的事情，不是我的事情。

从《图雅的婚事》到《白鹿原》

《图雅的婚事》：故事和人物

李翔：《图雅的婚事》是没有小说原作的。

芦苇：对。我有一次无意中在中央电视台看到一个报道。一个女的，她的前夫残疾了，一家人很难养活他，结果她就找了一个老公，说咱俩结婚可以，但必须要养前夫，因为他残疾了，我们把他抛弃了，他就没有活路了。这个丈夫表示愿意，他们组成了一个家庭。中央电视台拍了一个纪录片，我看了以后，觉得拍得非常好，刚好那个时候有一个投资者找我，说有 500 万，我们拍个电影吧。我说，要拍就拍这个。

李翔：就是《图雅的婚事》。

芦苇：当时我们设定故事是在甘肃农村比较穷的地方，拍一个汉族家庭。我搜集了很多内蒙古长调，一天到晚听，非常好听。有一天就在我们家里，我听着听着就来了灵感，为什么不拍一个内蒙古的（家庭）？当时也想到，内蒙古有这种故事吗？就上网查，一查还真有，而且好几个故事都是类似的事件。这样我们就有了底气，就拍了这个故事。

李翔：基于小说原作去改编的编剧工作，跟像这样几乎完全要原创的编剧工作，哪一个会更有挑战一些？

芦苇：不一样。你自己选材的话，你会很自由。有原著的话，你必须受制于它。（原著）人物都给你规定好了，你不能动。

李翔：就是没有难易之分，只有约束和自由之分，是吗？

芦苇：我认为只要你了解，都很容易；你要不了解，都很难。

李翔：《图雅的婚事》的这种了解也是需要您到内蒙古去体验生活的吗？

芦苇：当然，要不然具体的（细节）写不出来。比如水资源枯竭，这一点不到当地你是不知道的。

李翔：就是说电影里面打井的困局，是您到了内蒙古以后，才加到剧本里，第一稿剧本是没有的？

芦苇：在原始的故事梗概里没有，到了内蒙古以后发现当地水资源少，就有了打井的故事。①

---

① 《图雅的婚事》发生在内蒙古干旱的草原上。图雅的丈夫巴特尔因为打井出现意外，导致双腿残疾，由此引发了接下来的故事。图雅要再婚，但是要求新的丈夫必须接受巴特尔跟家庭一起生活。《图雅的婚事》获得了 2007 年柏林国际电影节金熊奖。

李翔：体验就是住到当地人中间吗？

芦苇：对，当时体验生活的时候，王全安带着余男在阿拉善旗。我去寻找景地，到锡林郭勒阿巴嘎旗[①]。在阿巴嘎旗沿着草原走，快到中蒙边界了，我到了一户牧民家里。我想喝水，渴得很，那个牧民就给我们烧奶茶喝。我发现他长得很有意思，而且腿也有问题——让我碰着了。后来他就成了我们的男主角巴特尔的扮演者。

我说，我们要拍的不就是这个人吗？我就给他拍了很多照片，给他录像。回来跟王全安说，我找着一个人，你看你敢不敢用，我觉得我写的就是这个人。王全安一看就说，真的，这个人不错，把他叫来，我们试一试。第二天就派了一个人去，把他请过来。我们发现那个人很聪明，也不怯场，很自然，最后就决定用他。其实《图雅的婚事》电影里只有一个职业演员，就是余男，其他人都是业余的，包括电影里出演第二个要娶她的那个打石油井的老板。

李翔：电影中是她的中学同学。

芦苇：对，电影里是她的同学。他是内蒙古人，开了一家面馆。他是老板，我们老在那儿吃饭，混熟了，王全安就用了他。因为他跟我们熟，所以他也不怯我们。

---

① 内蒙古锡林郭勒盟下辖的一个旗，北部与蒙古国接壤，边境线长 175 公里。

跟王全安导演的磨合

李翔：导演要比您小十几岁，在拍这部电影的过程中，大家会就剧本互相挑战吗?

芦苇：第一稿剧本出来之后，他会提出一些问题，认为可以再推敲一下。有些意见很中肯，也有些不太好，这个就需要切磋了。《图雅的婚事》在剧作上面很顺利。后来他做了一些调整，改了两场戏。结尾我认为我写得很好，他没用。

李翔：您的版本的结尾是什么?

芦苇：我的版本的结尾，用戏剧化的说法，是开放性的结尾。他的故事结尾是封闭性结尾。开放性结尾可以接着拍，故事能继续下去，封闭性结尾就画句号了。

他的结尾是在婚礼上。我的结尾是在婚礼结束半年以后，图雅的新丈夫森格骑着马回来，特别高兴。那时候井里已经出水了，图雅正在打水。他说，图雅，我从地区医院回来了，你看巴特尔的片子，医生说他的腿在恢复，说他有可能变好。图雅拿过片子来对着天看，也很高兴。

这时候巴特尔从屋子里走出来，一瘸一拐，怀里抱着一对马鞍子，走了两步摔倒了，站起来走，又摔倒。森格就过来要扶他，被图雅拉住，说你还是让他自己起来。巴特尔从地上挣扎着爬起来，把马鞍子抱起来，森格又要去扶。图雅说，你不要扶，让他自己走。巴特尔最后终于踉踉跄跄把马鞍子放到马背上，然后抱着马脖子呼哧呼哧喘气。这个时候图雅很愕然，没想到巴特尔居然能抱着马鞍子走出来，而且还放到马身上去了。就结尾在这儿——图雅两行热泪，结束。

李翔：就是新的可能性出现了。

芦苇：对。我觉得这个结尾更意味深长，戏剧结构更丰厚。我觉得这场戏特别重要，可是王全安没有拍，他认为不重要。

李翔：我好奇的是在拍《图雅的婚事》的过程里，导演展现出了什么样的特质，让您认为可以力推他去拍《白鹿原》？

芦苇：其实我是在拍《图雅的婚事》之前推的他。我特别欣赏他的《惊蛰》[①]。但是合作之后，我反对他拍《白鹿原》，因为通过一次合作，他的长处和短处我都知道了。以前不知道，对他有一种期望。

李翔：是在拍《图雅的婚事》的过程中间了解到了优点和缺点？

① 王全安导演2004年的作品，同样由余男主演，也入围了柏林国际电影节。余男凭借此片获得了金鸡奖最佳女主角。

芦苇：表演体系里面有一种叫纪实性表演，有一种叫戏剧性表演，这两种表演风格是不一样的两大类。在纪实性表演里，他是个天才，很有才华，但在戏剧性表演里他不一定是内行。也是这么多年积累的经验，我看出来了，觉得他当《白鹿原》的导演不合适。因为《白鹿原》的剧本戏剧性极强，跟《图雅的婚事》不一样。

李翔：他知道您反对他拍《白鹿原》吗？

芦苇：他当然知道。《图雅的婚事》之后，他又拍了两部电影，都是纪实性表演，不是戏剧性表演，还是在原地踏步，那个坎儿没迈过去。那么大投资，风险太大，你等于是逼着一个唱戏的人去唱歌剧，虽然嗓子都很好，但是唱法和质地不一样，是两回事。编剧是这样，导演是这样，演员也是这样，都有局限性。我就反对他当《白鹿原》的导演。他也知道，后来也不跟我合作了。他拍《白鹿原》的时候，自己写剧本——用15天写的剧本。我一想，他更不能当导演了，这么草率。我四年写了七稿，都不敢说我写得好，他用15天写的剧本就敢拍。

李翔：在拍《图雅的婚事》时，《白鹿原》的剧本您已经写了很多稿了？

芦苇：拍《图雅的婚事》时，《白鹿原》的剧本我已经写了四稿。把《图雅的婚事》拍完之后我又写了三稿，到2007年我才交稿给制片人。《白鹿原》的剧本不好写。

李翔：在《图雅的婚事》的合作过程中，单纯就导演和编剧的合作而言，还算是顺利?

芦苇：很顺利。我一直坚决支持他，包括摄制组后来发生很多事情，我都坚定地站在他这一边。跟打仗是一个道理，一旦枪响，再有什么问题，都不重要了，把仗打赢最重要。中间发生了很多事情，包括制片人对他不信任，要换他，最后居然要停拍，我都坚决站在他这边。后来等一场雪景，好几天雪不来，制片人嫌花钱，不愿意，因为全剧组都得等。我坚决站在王全安这边，我说必须要等，哪怕跟制片人闹翻都没问题，这是影片问题，是原则问题，这方面我们不能退。制片人当时对这部电影的态度是绝望的，认为彻底拍砸了。

李翔：后来获奖的时候呢?

芦苇：获奖之后高兴啊，认为王全安是天才。当然人非圣贤，制片人也是看到这个奖太大了，不信都不行。

李翔：从《霸王别姬》《活着》到《图雅的婚事》，这三部（电影）您认为跟导演的合作都算是融洽和顺利的。

芦苇：都很顺利。

李翔：如果从这三部来看的话，导演和编剧之间那种配合的关系应该是什么样的?

芦苇：水乳交融。好电影一定是基于好的合作。这种合作只有一个目的，就是对电影负责。

李翔：会有导演不想把电影拍好吗？

芦苇：会有那种混子，把这个事干完就算完了，至于好坏跟我没关系，我就是挣一份打工钱。

李翔：跟您合作的导演应该都不是这样的。

芦苇：因为我要挑选的，合作之前，我一定要研究你。跟王全安合作之前，我把他所有电影都看了，我觉得可以跟他合作。

李翔：即使之后你们没有再合作，他也是想着把电影做好的人，只是有拍不同类型电影的驾驭能力的问题。

芦苇：最重要的是他们的状态，因为人的状态是会不一样的。拍《霸王别姬》的时候陈凯歌是什么状态？拍《无极》的时候陈凯歌是什么状态？不一样。

《白鹿原》的波折

李翔：您曾经跟吴天明、陈忠实讨论过很多次怎么把《白鹿原》拍成电影。你们讨论的话题会包括谁适合来拍，剧本应该怎么来处理这样的问题吗？

芦苇：跟陈忠实（的讨论）没有那么具体。我跟他很熟。陈忠实只有一句话，对吴天明和我完全予以信任。他说，我不懂电影，电影怎么做是你们的事，我插不上话，我也出不了主意，但是你们的作品我看过，而且最关键的是你们都是关中人，我对你们俩是一百个放心。这是他的原话。他根本不参与。

我跟吴天明 2001 年的时候就在谈，我其实一直认为他拍《白鹿原》是比较合适的。可是那时候西影厂拿了《白鹿原》的改编权和拍摄权，当时的厂长不认可他，我再举荐吴天明，根本没用。我说拍《白鹿原》，再怎么着吴天明总比王全安合适。（但厂长）听不进去，说吴天明老了，观念不行、陈旧了，就开始说官话。人一旦有权，你跟他说什么，他也老觉得自己对。他当时跟吴天明闹掰了。当时电影界有一个联名拥护吴天明的报告，张艺谋、陈凯歌都签了。《白鹿原》是个大工程，一定要找到合适的人来做，不能因为私人恩怨就没有原则。

李翔：您为什么会认为只拍过小成本电影的王全安，能够挑战一个这么大的项目？

芦苇：我一开始对他不了解，我只是觉得他有才华。

李翔：就是因为看了《惊蛰》？

芦苇：嗯，我觉得有了才华，其他东西是可以培养出来的。只要把道理讲清楚，你要转型，要做准备，要研究电影。

李翔：您会跟他讲这些话？

芦苇：我都跟他讲过，他也认同，但是他从来不做功课。没有说我们坐下来，找几个经典电影研究一下，以它为范本，改编我们的电影。一次都没有，他一天到晚地玩。

李翔：以我的视野来看——当然我的视野也是很局限的，《白鹿原》确实很容易被拍成《田小娥传》或者《白嘉轩传》。

芦苇：把《白鹿原》拍成《田小娥传》，说明你根本没看懂这部小说。这部小说讲的是田小娥的故事吗？

李翔：不是，但她确实是非常抢眼的人物，非常有个性。

芦苇：她再抢眼，也是一个配角，不能成为主线。《白鹿原》的主题是两代人价值观的冲突，是农村的宗法制度下，老一辈人的观念和五四以后新青年的观念的冲突。田小娥只不过是体现冲突的一个角色。

李翔：甚至如果把它拍成《白嘉轩传》，我也不意外，因为白嘉轩在《白鹿原》里面也是非常有个性的、非常抢眼的人物。

芦苇：他是第一主角，鹿子霖是第二主角。鹿子霖、白嘉轩和鹿三，是老一辈人。新一辈人是白孝文、黑娃和鹿兆鹏。《白鹿原》只有七个主角，加上田小娥，刚好七个人。这是标准版本的一个人物结构的剧本。我们坚决把教书先生给拿掉了。

李翔：就是朱先生。

芦苇：把朱先生拿掉了，不能超过七个人，要不然抢戏。要把片子的空间和时间留给主要人物。《白鹿原》很遗憾。

李翔：白嘉轩和鹿子霖这两个人物是有隐喻的，是吗？

芦苇：白嘉轩这个人物是农村社会传统里的正派人物，鹿子霖是个机会主义者，投机的色彩太浓厚，他们是两种人。

李翔：《白鹿原》对您也是非常重要的，不然您也不会投入那么多时间和精力去写剧本。您有想过自己来导演这部作品吗？

芦苇：从来没有，我觉得我不是一个很好的导演，经验太少。

李翔：这道坎儿是跨不过去的？

芦苇：我觉得我当编剧合适，当导演不合适，经验不够，拍戏太少，只拍过一部，所以要找个成熟的导演来拍这么重要的题材。

不同代际的导演

李翔：王全安导演比第五代导演要小十几岁，两代导演之间会表现出明显的差异吗？

芦苇：格局就不一样。你就说第六代、第七代，包括之后的年轻导演，哪一个在格局上能超过第五代导演？好像没有。在文化格局和文化视野上，他们的作品有一部可以拿来跟张艺谋和陈凯歌最好的作品比吗？我觉得没有，距离还是很大的。票房是另外一回事，我们谈的是文化价值。

不管怎么样，张艺谋的《活着》和陈凯歌的《霸王别姬》依然是新中国成立以来中国电影史上最好的电影。从豆瓣评分也能看出来，《活着》和《霸王别姬》的评分依然是高居不下。

李翔：第五代和之后电影人的差异，是您说的生活课的差异吗？之后的电影人没有被大时代洗礼过？

芦苇：第五代电影人有一个大优势，在拍电影之前，他们的人生课和生活课基本上完了。之后的这些电影人都没有经历过第五代所经历的。

李翔：但这种经历是完全不可复制的，不可能再来一遍。

芦苇：不可复制。我们就说第六代导演的代表贾樟柯，贾樟柯的电影跟张艺谋的电影比较，格局还是不一样。

李翔：类型不同吧，贾樟柯更倾向于文艺片。

芦苇：那就跟张艺谋的文艺片比，有《红高粱》的气质吗？有《秋菊打官司》那种深厚的情感吗？有《活着》的视野吗？还是没法比。这种大时代下的人生和生活，虽然不能复制，但品质是可以复制和传承的。

李翔：就是说即使他们没有那样的生活课的阅历，也是有可能超越的。

芦苇：当然，要看修养和悟性，还有经验。

李翔：对于王全安这样的导演，他跟您合作，会不会有一种心理阴影，会认为您是把导演作为实现自己作品意志的一个通道？

芦苇：这个问题我觉得你应该问他，不应该问我。我在合作的时候从来都有一个原则，只有合作，没有谁大谁小。所有跟我合作的导演，我觉得我们都很平等。而且我确实觉得每一个合作者都有他的优势和长处。比如王全安在拍《图雅的婚事》的时候，他对余男的戏的控制，非常漂亮，真是很有才华。

李翔：《图雅的婚事》也是您作为编剧在现场待得最久、介入最多的一部电影吗？

芦苇：比较多。因为那时候情况比较乱，王全安提出来说，你不要走，你在这里的话我可以安心拍戏，万一出了什么问题你可以来处理。我说好，我就在这里。合作就是这样，不是我跟王全安有多深的感情，是要为电影负责。我们是拍电影的，电影的成败才决定我们的合作关系。电影的成败是原则，别的都是次要的。吵架、利益分配不均，这个那个的，都可以解决，唯独不能损害电影，这是我的一贯原则。

李翔：我也问过年轻的导演，问他们跟编剧合作的问题，他们也会谈到您，非常推崇。但也会讲到，如果跟芦老师合作，会有点担心，万一意见不合怎么办。

芦苇：我也不知道。

李翔：他们肯定是很尊重您的意见，但是同时创作者本身也比较敏感。

芦苇：能合作本身都是相互有缘分，相互尊重是基础。有时候编剧和导演会有分歧，这很正常。我们不好笼统地说，只有具体地分析谁对谁错。别说编剧和导演了，任何合作团体都有问题，都会争论。

李翔：所以很多时候会变成导演自己去做编剧。

芦苇：对，主要是因为导演有最后的话语决定权。美国的网剧编剧的话语权大于导演的话语权，这是不同行业、不同情况造成的。我自己认为最理想的是，谁说的对就按谁说的做，看谁说的有利于创作和影片质量。这是标准，跟你的资格老不老没关系。合作又不是摆谱儿，它是一个非常具体的工作。

李翔：在文化产品里面，对错确实是比较难判断的。

芦苇：我们都说道理越辩越明，通过交流和切磋，一般都可以正常解决。我认为最难合作的人是过于自恋的人，把自己摆在电影和合作之上。现在的问题是，我们这个时代可以说是一个自恋的时代，有的时候这种风气会影响创作。

李翔：（20 世纪）90 年代大家不自恋吗？

芦苇：90 年代相对正常，比现在好一些。现在社会上自恋是一个很普遍的风气，缺少经典、大气、洪浩的作品，根源就在自恋的风气。自恋是很难产生正常的文艺作品的。

从《赤壁》到《狼图腾》

《赤壁》的主题

李翔：您跟香港导演也合作过，跟内地导演比，香港导演会呈现出什么差异吗？

芦苇：香港导演专业素养比较好，普遍高于内地。其实我合作的不多，陈可辛算一个，吴宇森算一个。

李翔：他们两人本身也不一样。

芦苇：不一样。吴宇森有他的特长，但不幸的是他拍了两部关于中国历史的大片，《太平轮》（2014 年）和《赤壁》（2008 年），都是他的短板。因为牵扯到对历史的把控，这是香港导演比较欠缺的。

李翔：我想起您前面讲的，这可能也是导演能力圈之外的。

芦苇：等于你跳槽到另外一个领域，对你来说是陌生的。香港电影对于中国电影的贡献是娱乐，包括贡献了一个中国唯一独有的片种，就是武侠片。武侠片虽然发端于内地，但实际上成长于香港。你看《少林寺》[①]，一部开中国影坛武侠片先河

---

① 导演张鑫炎 1982 年拍摄的电影，也是李连杰的成名作。

的代表作，它是内地拍的，可是导演、编剧都是香港的。

李翔：您在跟吴宇森合作之前，应该也看过他拍的一些动作片吧？包括周润发演的那些电影，在八九十年代非常流行。

芦苇：他的代表作我基本都看过，包括《英雄本色》（1986年）。

李翔：当时您没有担心他可能是在“跳槽”，是去拍另外一种类型的影片？

芦苇：当时他抓《赤壁》这个题材本身，我想也是因为他想要转型，不甘于当一个香港类型片导演，想做一部正剧。我跟他合作，在剧本讨论的时候，我发现我们对《赤壁》这个题材的理解是完全不一样的。我当然是希望拍出一部传奇和正剧，他要加进去很多香港式的商业元素。

赤壁之战是中国历史上最著名的一场战役，这一战奠定了三国鼎立的格局。就当时的实力来看，北魏和曹操有绝对的优势，但是赤壁一战创造了奇迹。它是中国历史上一次以少胜多、以弱抗强的奇迹性战争事件，所以它是很值得拍一次电影的。

我跟吴宇森切磋过一次，谈得很深，想要电影表现什么，主题是什么。他说，他要的主题是和平，和平非常伟大。我说和平当然伟大，是人类的共同理想，但你选错了舞台。赤壁的舞台上没有和平，只有你死我活，它是一场生死之战。赤壁什么都有，有英雄主义、有阴谋诡计、有斗智斗勇，唯独没有和平，谁讲和平谁就死定了。

李翔：但他是不认同的？您没有说服他？

芦苇：我把我的观点告诉了他。我想，他没有用到我的剧本，也是因为我没有把他要的和平写出来。

李翔：当你们对这个主题进行分析的时候，剧本已经完成了吗？

芦苇：还没有，当时我们只是在讨论。后来我知道他请了好几个编剧，每个人写一稿。好像邹静之[①]还写了一稿，他给张艺谋写过高仓健主演的电影《千里走单骑》(2005年)。

李翔：你们都知道这个事情？

芦苇：我知道他请别人也写了。但是我的心态很平和，八仙过海各显其能。那会儿我刚好对这段历史感兴趣，也觉得这是一个很重要的题材，就写了一稿。

李翔：所以即使有分歧，也可以推进下去？

芦苇：这是他的选择。我把我那稿交上去，他没有兴趣就算了。后来《赤壁》上映的时候也没署我的名字。

---

① 知名电影和电视剧编剧，代表作有《铁齿铜牙纪晓岚》《千里走单骑》《赤壁》《一代宗师》等。

聪明和见识是不同的

李翔： 我看过您写的《赤壁》的剧本。之前的采访里您也提到很多次，不愿意去改编四大名著？

芦苇： 我觉得轻易不要碰。如果要碰，就把它做好，要对得起这些名著在历史上的地位。你的品质要与之相匹配，不能说为了挣钱，干一个就算了。我看了很多关于三国的影视作品，没有让我觉得满意的，都差一口气。那我也试试吧，看我能不能就这个问题做出一些努力。所以就接了这个活儿。

李翔： 既然不愿意轻易改名著，所以当时无论是制片，还是导演，一定有一套很好的说法来打动您，或者给了很好的条件？

芦苇： 当时最大的诱惑是，我们能不能把四大名著拍成有魅力的电影。这对我是有挑战的。思考了一段时间，还是应战。不管拍的结果怎么样，至少在剧本质量上要能够对得起四大名著。

李翔： 导演肯定也会给您讲他宏大的设想，要拍经典的作品。

芦苇：当时吴宇森就是一再强调小乔的重要性，讲林志玲的魅力。

李翔：所以他先选了林志玲来主演？

芦苇：已经定了林志玲。他给我讲了很多林志玲怎么好，怎么漂亮，怎么会演戏。我说你可能说的都是真的，但与本片无关。林志玲可以出现，因为她要扮演小乔，但绝对不是重戏。因为这是一场男人的战争，过去有一部电影叫《战争，让女人走开》(1987年)，林志玲演的就是这个"走开"的角色。我要是周瑜的话，我一定不用这个方法[①]。你不能把自己的太太顶到第一线。

而且，那个设计本身有问题。小乔是中国历史上最著名的美人之一，那么一张脸蛋在人群里，万人瞩目，谁看谁丢魂，让这种人当间谍可行吗？间谍第一就是不引人注意。为什么间谍的相貌都很平庸？就是要掩盖自己的身份。

那次合作，我们彼此都比较失望。电影出来，我看了一场，觉得跟我的判断如出一辙。下集尤其糟糕，票房惨淡，口碑也不好。花了那么大的代价，却是很失败的电影。中国历史题材的大片几乎没有不失败的。

① 指派小乔去做间谍。

自恋和活着

李翔：您是什么时候开始意识到自恋这个问题的？

芦苇：可能跟我从事写作有关系。作为一个编剧，要是过于自恋的话，人物就写不好。虽然有自己的情感投入在里面，但你写的毕竟不是你自己，是他人。包括你也是为他人而写作，所以你要把很大的精力和目光给别人。

李翔：很多人可能会认为文化领域是自恋的重地。

芦苇：我觉得伟大的艺术作品和健康的艺术作品，都是在关注他人。你是在表达别人，而不是你自己登台。

李翔：所以这种自恋跟你是“80后”“90后”或者“50后”也没什么关系，大家都会有。

芦苇：是，不过自恋在独生子女这一代特别严重。我觉得自恋一直是中国人的自我庇护，但自恋对于艺术作品，比如对于一部电影来说是很致命的。自恋的电影很难产生影响。现在的很多作品我觉得都有自恋倾向，看多了你会很不舒服。你跟一个自恋的人相处，你会很不舒服。你看一部自恋的电影，也会很不舒服。过于自我都不行。

真相和戏剧性

李翔：您拿到《赤壁》这样一个中国人非常熟悉的故事，会花很多时间和精力去想怎么做出新意来吗？

芦苇：当然。《三国演义》是演义和评书，不是真实历史事件，真实的历史在《三国志》里。而且评书的讲法跟戏剧还不完全是一回事，尽管非常精彩好听，但很多细节一旦放大成荧幕之后，站不住脚，显得可笑和滑稽。

李翔：演义和评书里的一些细节，不适合放到大荧幕上？

芦苇：它不适合做正剧，也不符合历史的真相，所以你要有筛选。我是想写一部荡气回肠的正剧。我觉得《赤壁》只有一个主题，就是不屈的精神和英雄主义。这是最本质的东西，也是价值所在。要在这里面讲点别的东西，我觉得放不进去。

李翔：您能举个例子吗？哪些细节是不适合通过大荧幕的、正剧的方式去阐述的？

芦苇：比如当时东吴的谋士们跟诸葛亮辩论，那就是把东吴谋士的智力给漫画化了。[1] 东吴的局面在那儿摆着呢，这些人都要面对生死存亡，还能出那些下三烂的主意吗？不可能，它就是为了抬诸葛亮。

但从历史事实来讲，诸葛亮在整个赤壁之战中，根本不是主要角色。诸葛亮当年只有 27 岁，官职也不高，当时的地位还没有上升到到了四川以后那么高。他是中郎将，相当于团长，是中级军官，根本到不了决策层，所以赤壁这一仗完全是周瑜打的。周瑜当年 33 岁，是位很成熟的水军将领。

李翔：所以我看在您的剧本里，火攻是周瑜自己想出来的，也没有借东风的桥段。

芦苇：诸葛亮根本不知道东风什么时候来。所谓“借东风”，就是长江的某一些地段有一些季节风，当地人叫“葫芦风”。它是暖流的回流造成的一种风势，只有当地人知道，时间很短，有时候来，有时候不来。

李翔：所以周瑜是可能知道的。

芦苇：周瑜当然知道，但曹操、诸葛亮、刘备不知道，他们都是从外地来的，这都是当地渔民才知道的事。但作为地方官员，周瑜是知道的，黄盖也知道。

李翔：您一个西安人是怎么知道的？

---

① 指《三国演义》中诸葛亮舌战群儒的场景。

芦苇：查史书。关于葫芦风这个问题是有专著的，我看到过，所以我知道。

李翔：包括您的剧本里面写的，火攻是周瑜想出来的，而不是那个著名的桥段，诸葛亮和周瑜各自写了一个“火”字。

芦苇：根本不是。火攻是秘而不宣的，周瑜早就把这个仗怎么打想清楚了，只不过不露于形色。你看他那么潇洒，甚至可以开玩笑，因为有备无患。

李翔：您在写周瑜这个角色的时候，想到的是周润发？

芦苇：当时是有这个想法。吴宇森问我谁来演周瑜最合适，我说周润发。吴宇森就安排我见了一次周润发。周润发请我吃了顿饭，我们聊得很开心。周润发的气质很接近于我设计的周瑜。周润发是一个嘻嘻哈哈的人，很幽默，很自如。我觉得他跟周瑜的气质有点相符。我在写周瑜的时候完全抛弃了《三国演义》的写法。《三国演义》把周瑜写成了小心眼，英雄气短，一会儿吐血，一会儿又脸色苍白，完全不对劲。我把他完全变过来。我写的周瑜是一个谈笑风生的人。诸葛亮第一次见周瑜，周瑜就虚虚实实地跟诸葛亮说，曹操这么厉害，我们投降算了。他这么说，其实是在试探你们到底是真打还是假打。

李翔：您在写剧本的时候，都会想到主角适合谁来演吗？

芦苇：有时候会，曹操这个角色我建议让陈凯歌演。曹操一生中唯一一次犯了志大才疏的错，就是赤壁之战。曹操这个人极其谨慎，他是战略家，但唯独赤壁这一仗失算了。他认为已经稳操胜券，因为实力太过悬殊。东吴全国兵力加起来 5 万人，还有 15000 人是作为支援，没摆在赤壁，所以周瑜指挥调动的第一线部队就有 35000 人。而曹操的兵力可是号称有 80 万人，实际上至少也有 30 万人。再加上荆州投降以后，他们有了很强大的水军。

李翔：在其他的创作里，您会像见周润发那样，去见可能的主角、看演员的人选吗？

芦苇：经常会，有时候导演会拉着你参与，我也愿意看看演员，对写作有好处。《图雅的婚事》也是这样，没拍就知道余男是主演。

李翔：比如您跟导演见周润发，包括您建议他用陈凯歌，可见你们交流是非常深入的，大家要一起把这部电影往好的方向做。

芦苇：对，没错。

李翔：后来为什么这种关系还是没有很好地维持下去？

芦苇：我觉得在拍《活着》和《霸王别姬》时的创作氛围是很难恢复的。那时候大家都是平等的，包括到底是用张国荣还是用尊龙，都是主创投票。我们跟导演是同等的创作权利。主创要提出自己的意见，有自己的主张，但这种现象以后没有了。如果还保持这种创作氛围和创作关系的话，我想他拍《梅兰芳》（2008 年）的时候不会用黎明——气质不对，形体也不对。但如果一言堂的话，他说谁就是谁。《梅兰芳》用了黎明，这个戏拍不好。

李翔：您认为谁适合演梅兰芳？

芦苇：张国荣比他要强。黎明一米八的个子，跟我一样高，而且黎明骨骼很大，哪能演旦角啊，那是演武生的材料。唱旦角的人，比如像程砚秋他们，骨骼都比较小，比较偏向于女性。

李翔：《梅兰芳》有找您吗？

芦苇：没有，我估计我批评《无极》以后，我们的关系中断了。

李翔：大家会认为您是最合适的人选，毕竟之前有《霸王别姬》。

芦苇：按说可能是这样，因为对梅兰芳我非常了解。我看过他的传记，也看过很多同时代人对他的回忆。至少我要当编剧，我不会让他像李玉和[①]一样，跟日本人当堂对质、受刑之

---

① 李玉和是《红灯记》中的角色。《红灯记》中有李玉和受邀赴宴，被日本宪兵队软硬兼施，要求他交出密电码的场景。《梅兰芳》电影中也有梅兰芳赴宴的场景。

类。我不会写这些无中生有、莫名其妙的事情。我会很忠实于这个人物。

李翔：《霸王别姬》里面张国荣饰演的程蝶衣也会讲，日本人没有打我。

芦苇：日本人也没有打梅兰芳，甚至根本没有扣过他。当时日本香港占领军的司令，是个中将。这个人是个京剧迷，当年在北京当大使馆武官的时候，他是给梅兰芳捧场的。后来听说梅兰芳在香港，就很想请梅兰芳吃顿饭。他也没有说要唱戏什么的，都没有，就说敬仰你，是老朋友，请你吃顿饭。请帖是给梅兰芳了，可是第二天战事突变，前线吃紧，回不来，所以就取消了，当时他还派了一个人去道歉，就这么点交集。最后看到的电影（指《梅兰芳》），完全扭曲了历史真相。传记电影最关键的是要真实。我都不知道这部电影是怎么想的。后来评论口碑也不太好，票房也不好。那么好的题材，中国戏剧史上最著名的一个人物，竟然是这样……

李翔：您的版本的《赤壁》如果拍成电影，我觉得应该也会有争议吧？因为里面对周瑜有全新的阐述，对诸葛亮也有。

芦苇：我是按《三国志》写的。要说真实，我的是最真实的；要说好看，我的也很好看。其实观众根本不关注你像不像

《三国演义》，就是好看不好看。观众的判断很直接，要求非常单纯。

李翔：您是希望兼顾好看和真实？

芦苇：当然，真实、好看缺一不可。你光真实，干吗看电影啊，我看历史书不行吗？电影毕竟是电影，是有戏剧性的，你得好看才行。很多中国导演解决不了好看的问题。一部电影不管怎么样都要让观众能接受并且喜欢你。要是不接受，不喜欢，那就失败了，你哪儿来的票房，成本怎么回来？

李翔：所以您在《赤壁》剧本中这种创新，其实是回到历史的真实里面去。

芦苇：对，我觉得就是把历史的真相用戏剧化的手法呈现出来。一个是真相，一个是戏剧化，这两个是关键词。

李翔：包括我看您也舍弃了特别有名的刘备摔阿斗的情节，是因为它不够真实？

芦苇：是。我都后悔刘备这条线了。要是写第二稿的话，我一定要把刘备这条线继续弱化。现在写的在笔墨上有点多，这是干扰主题的。你讲的是赤壁，不是长坂坡。这个剧本在结构上还是有问题，前半部分有点多，分量有点重，需要减弱。应该把空间留给后面，把焦点集中在赤壁。

李翔：像您这样的老江湖也会犯这样的错误？

芦苇：编剧都是时刻在错误中前行。不犯错误那是天才，但我们都不是。

李翔：您这种对错误的敏感性和包容性是怎么来的？

芦苇：可能跟我从业一开始就是在集体讨论有关系。电影是集体创作，虽然编剧本身有个体行为，但你在创作的时候，要注意听取各方面的意见。有的时候他们确实是很高明的，旁观者清。你的视角总是不如众人的视角全面。他们在某种意义上是未来的观众。

李翔：您在前面也提到过，香港导演的专业素养可能比内地的导演要好一点？

芦苇：他们的专业素养是比内地导演好，但他们对于中国文化的了解没有内地导演深。

第一，他们不可能下这个功夫；第二，他们也不一定有这个兴趣。我不认为吴宇森读过《三国志》，所以历史的真相他未必清楚。他要是把历史的真相看一看，恐怕对小乔的兴趣就没有了，不会把林志玲放到那么重要的位置上去。

让·雅克·阿诺和《狼图腾》

李翔：让·雅克·阿诺这样的西方导演，可能对电影的理解跟香港、内地又不一样，是吗？

芦苇：那是欧洲电影的体系了。欧洲人理解中国文化需要有一个跨度。有的理解得很好，比如贝托鲁奇，但也有些拍得不伦不类，《狼图腾》就有点夹生饭。

李翔：您对《狼图腾》最后的呈现也是不满的？

芦苇：我觉得他根本没有把老三届的学生拍出来。比如陈阵那个角色，你说他是哪个时代的人都可以，缺乏那个时代的气息。那个年代的审美标准和今天完全不一样。所以我不认为那部电影在艺术上是成功的，虽然商业上还说得过去。最关键的是，没有把那个时代人的质感拍出来。我就是那个时代的人。

李翔：有比较好地呈现那个时代质感的作品吗？比如说姜文的《太阳照常升起》（2007 年），拍出那个时代的质感了吗？

芦苇：也不真实，《太阳照常升起》是姜文自己臆想的那个时代。那个年代哪有这么潇洒、这么自如的人，拿着猎枪到处打猎玩[①]，不可能的事。你拿个猎枪，人家首先就问你，你有持枪证吗？你是干什么的？有没有介绍信？哪个单位的？你到这儿干吗来了？

李翔：那个时代还是比较受约束，比较沉重的。

芦苇：是非常严酷的——我要用"严酷"这个词。没介绍信，寸步难行。

李翔：那时候你们出门都要带着这些东西吗？

芦苇：当然了，你只要没有介绍信，"走，跟我走一趟派出所"，先查一下你的身份来历。我是知识青年，在插队的村里很自由，但我要是回西安，住在家里，居委会查我的身份来历，也得拿着生产队给我开的介绍信，我才能说清楚。

李翔：后来《狼图腾》的剧本也出版了。

芦苇：不是我的剧本。

李翔：《狼图腾》的编剧是一个团队完成的吗？我看署了很多名字。

芦苇：有导演，还有两个法国编剧，中方编剧就我一个，一共四个人。

① 《太阳照常升起》里，姜文饰演的老唐被下放到一个小山村，整天带着孩子们在山里打猎。

李翔：你们怎么协作呢？

芦苇：各写各的。

李翔：不会再有那种团队协作的感觉了吗？像您之前描述的那种，主创开会讨论剧本？

芦苇：主创开会讨论剧本也只是讨论，大家交流一些想法，其他人不会写，还是编剧写。

李翔：但是四个编剧都要在场？

芦苇：没有。我除了认识导演，其他人都不认识。我记得写完第一稿，导演跟我讨论，表示他很喜欢，但是他会考虑所谓的国际市场，所以找了一些法国电影人来介入。

李翔：不同的导演在跟编剧合作的过程中，是非常不同的吗？

芦苇：特点不一样，但他们的目的只有一个，希望剧本能够写好，写扎实。

李翔：您会根据他们的不同特点来调整自己的工作方式吗？

芦苇：我的工作很简单，就是把这个题材吃透，写出精彩的戏剧性。这是我的工作，也是我的目标。

李翔：会改变工作方式吗？

芦苇：好像没有什么可改变的，本质上是一样的。

李翔：《狼图腾》的原作小说是争议比较大的，您接手改编的时候，不会担心这种价值观问题的争论吗？

芦苇：不担心，《狼图腾》小说的文学性我不认为有多高，但是它确实提出了一个社会性问题。我特别欣赏，也特别喜欢它的主题——草原的过度开发，破坏了生态机制，使草场和森林退化。草原要保护，我们这个意识到（20 世纪）90 年代才确立起来。以前我们是疯狂地向草原索取，把草原都破坏了。湖泊消失，河流断流，草场退化，这些恶果我们很少反思和检讨。

有首著名的内蒙古民歌叫《嘎达梅林》。嘎达梅林反对草原开发，不让汉人来种地，因为种地就破坏了牧场和草原，侵犯了牧民的利益。① 这也是《狼图腾》的主题。

但我觉得导演扣得不紧，没有紧紧抓住草原破坏造成生态系统循环中断这个主题。把狼消灭掉之后，没有狼的捕猎，旱獭会疯狂繁殖，数量增多，把植被破坏掉，造成草原退化。所以狼是一种天然的平衡自然的生命，把它消灭了，平衡肯定被破坏了。我很喜欢这个小说的主题。

李翔：您开始意识到外来者到草原做开发，形成对环境的破坏，是在《图雅的婚事》的时候吗，还是在之前？

① 嘎达梅林于 1929 年发起抗垦起义，反对那木济色楞王爷和张作霖达成的开垦草原为农耕地的举动。1931 年 4 月，嘎达梅林战死。

芦苇：我一直在关注这个问题。我觉得空气污染、水污染、草原退化、食品安全，都是现实的问题。它们会影响我们下一代的健康，会影响整个社会的机体。

李翔：很宏大。

芦苇：任何一个题材都有宏大的背景在。这个主题《图雅的婚事》的里面讲了，《狼图腾》里面也在讲。

未完的工作

电影是跟观众的契约

李翔：在您已经完成，但是没有拍成电影的剧本里，您渴望哪些可以拍成现实中的电影？

芦苇：我当然希望自己认为写得好的剧本都能拍成电影，还是渴望用电影跟观众交流，来印证自己写得好不好。它的价值必须通过观众来体现。我的剧本大概有五分之三都没拍，拍出来的还是少数。

李翔：这是编剧的宿命吗？

芦苇：是中国编剧的宿命。

李翔：这些剧本有没有您特别想完成的，如果有人愿意拍摄，但他可能只能选一到三个的话？

芦苇：我所有的剧作都希望拍出来，因为投入了心血，我觉得有价值。而且拍出来的电影，观众还都爱看。我是一个特别在乎观众的人。很多导演把荧幕作为自我表现的工具，这种倾向挺病态的。你要自我表现，干吗要让观众那么大老远买票到电影院看？你对观众是有义务的，你跟观众是有契约的，你要给观众提供他乐于接受和乐于观看的影片。要不然你凭什么收人家钱啊？收了钱就要提供服务。

李翔：我看您在《电影编剧的秘密》里用很大篇幅谈《李自成》和《杜月笙》，是因为您对这两部作品都投入很多情感吗？

芦苇：每一部作品都要投入情感。李自成跟我是老乡，他是我们陕北人，所以写他的时候我是有情感的。

李翔：《杜月笙》就是想拍成像《教父》那样？

芦苇：也不是，我觉得应该把 1920 年到 1949 年间历史的真相和上海的真相展示在荧幕上，这是目的。真相永远是我最关注的焦点。

李翔：而且是通过电影的方式去呈现真相。

芦苇：对。

李翔：虽然很多人认为电影是个故事。

芦苇：故事里有真相。为什么美国黑帮大佬看了《教父》，都对它肃然起敬？就是因为它有真相。

李翔：您看过拍杜月笙的《罗曼蒂克消亡史》（2016 年）吗？

芦苇：看了，我在媒体上公开说过，这部电影根本没有任何真相。

李翔：是一个好故事吗？

芦苇：故事好的话，票房不会那么惨。

李翔：导演说，这部电影是拍给下个世纪的人看的。

芦苇：那干脆找下个世纪的投资吧，干吗花这么多现在的钱呢？

为什么坚持做编剧

李翔：为什么您拍完《西夏路迢迢》[1]之后，没有继续沿着导演这条路往前走呢？这个片子也获奖了，也算是被认可了。

芦苇：拍完《西夏路迢迢》之后，紧跟着中央台找我写《李自成》，需要投入大量的精力。如果再拍电影，我精力分散不过来。而且，我觉得中国的好导演还有一批人，但是称职的编剧比较少。比我好的导演多的是，但比我好的编剧不太多。我还是应该在第一线，哪里最需要我，我去哪里，这样电影才能拍好。

现在电影最缺编剧，我觉得我还称职，那我就在第一线。我要是再撤下来，就又少了一个编剧。

李翔：但是也缺好导演，而且导演更能够对整个事情有掌控力和负责任。

芦苇：当不当导演根本不重要，重要的是有没有好电影，这是我关心的问题。你的终极目标是什么？你在这个行当要干什么？我就想拍好作品。很多导演要做联合编剧，那就做呗，

① 芦苇导演的一部电影，1997 年上映，获得了金鸡奖导演处女作奖、瑞士洛迦诺国际电影节青年评委特别奖等电影奖项。

只要能拍好电影，自己做点让步，让合作者觉得心情愉快，给他一种自信和动力。

我有好多想写的剧本还没写，时间和精力也不允许我做更多的事，集中自己的全力写剧本吧。现在年龄大了，也会参与一些编剧人才的扶持。

李翔：导演自己是编剧，会越来越成为一个趋势吗，至少在中国？

芦苇：在中国目前好像有这个趋势，没什么不正常的。但是中国电影如果像好莱坞那样工业化了，我觉得还是应该有分工。人的精力有限，还是应该由专业的人员来完成专业的事情。跨行不是不可以，也有好处。但小众电影可以，投资大的电影，最好是各司其职，因为当编剧也会牵扯你的精力。

但有些导演就是编剧出身，比如科波拉是出色的编剧，《巴顿将军》（1970 年）的剧本是他写的，30 岁就得了奥斯卡最佳编剧；《教父》是科波拉参与改编的，他自己同时也是编剧。

李翔：如果导演都愿意做编剧，可能应该培训导演。

芦苇：很难说，导演有编剧的功夫，把导演的工作做扎实，那样对电影会更好。

有新意的武侠片

李翔：您提到过，您是有拍武侠片的梦想的。

芦苇：对。

李翔：您也说，看不进金庸。

芦苇：如果我当编剧拍武侠片，一定跟金庸毫无关系。我曾经参与过一部电影——《双旗镇刀客》[①]，剧本框架是我拉的。跟金庸有关系吗？没有。金庸是有个人风格的作家。他的长处我们取代不了，我们的长处他也取代不了，百花齐放，各显其能。可能你是南派武侠，我们是北派武侠，是不一样的。

李翔：您有比较喜欢的武侠作家吗？古龙？梁羽生？温瑞安？

芦苇：我一个都看不进去。我周围一圈朋友都是武侠迷。张艺谋也是。我弟弟有好多武侠小说，张艺谋曾经还问我借着

① 导演何平 1991 年的电影。

看，但我自己就看不进去。我觉得武侠电影里有一个人物很牛——王家卫。他的武侠跟金庸的武侠不一样，是他自己的武侠。

李翔：《一代宗师》(2013 年) 吗？

芦苇：《东邪西毒》(1994 年)。我觉得《东邪西毒》是香港投资背景的武侠片里拍得最好的。

李翔：《一代宗师》您看了吗？

芦苇：我不喜欢。我觉得拍得最好的就是《东邪西毒》。《东邪西毒》是有突破的，可是《一代宗师》没有，还是老的模式。《东邪西毒》是杜可风[①]的摄影，陈勋奇[②]的音乐，那部电影让人耳目一新，原来武侠片还能这么拍。

李翔：我后来看过一个王家卫的访问，他拍《一代宗师》也是下了非常多的功夫，比如他用三年时间拜访各门派的武师，做他们的访谈。

芦苇：中国对世界电影唯一的贡献就是在类型上有武侠片，别的国家没有。

李翔：这个类型的没落趋势是不是已经非常明显了？

---

① 出生于澳大利亚的知名摄影师，获得过七次金像奖和四次金马奖最佳摄影，跟王家卫、陈可辛等多位知名导演合作过。

② 香港电影人，曾凭借《重庆森林》(1994 年) 获得金像奖最佳配乐，同时他也是一名导演和演员。

芦苇：是。

李翔：从演员到导演。

芦苇：包括观众，观众今天的选择太多。任何事都有一个由盛转衰的过程，也有可能是盛极而衰了。

李翔：您想拍的那种北派武侠的风格是什么？

芦苇：我们想拍与众不同的武侠片，它的元素是崭新的，没有人这么拍的。

李翔：想拍一部这样的片子，需要什么样的条件？

芦苇：扎实的剧本，造型、音乐、气质，包括台词，都跟别人不一样，这才很有意思，起码是不保守。我希望拍出新意来，有没有新意应该是我的目标。你总是希望有自己的特点和个性，你也希望这个新意能被观众接受和喜欢。

我觉得《双旗镇刀客》的路子很对，可惜没有发展下去，以后的电影都没有继承它的优点。《双旗镇刀客》到今天看，还是有新意的，跟以前拍的武侠片都不一样，包括造型、气质。

李翔：为什么老发生这样的事情？有一点点开创，然后就停止了？

芦苇：创新是很不容易的事情。创新必须要有目标，如果你自我封神了，就创不了新了。

李翔：您是始终有这种自我警惕吗？

芦苇：倒也不是警惕，咱们都看过经典电影和经典书籍，知道自己的差距在哪里。很多人认为上帝就是他自己，我的上帝是那些经典作品。所以你让我自满，我也自满不起来，差距在那儿搁着呢。

李翔：问题是那些人肯定也看过经典，他们也认为经典很厉害。

芦苇：他们也看过经典，但是他们更看重自我。当你把自我变成第一位的时候，你往往看不懂经典。

李翔：编剧的工作是不是一个比较被动的工作？

芦苇：一点都不被动，题材是你选择的，你可以选择干，也可以选择不干。

李翔：不是和电影强绑定的吗？

芦苇：编剧是一个合作者，但也是一个独立的工作者。

李翔：好的编剧更多依仗于天赋，还是后天的训练？

芦苇：我不知道，我想两者都有吧。

李翔：对于您而言呢？

芦苇：我无法评价我的天赋，但是我知道我后天的训练。后天努力，劳动可得，我能干的事就是劳动。

李翔：这种自我训练就是看电影，然后做笔记？

芦苇：对，有时候看一点理论书，也是为了点拨自己。

李翔：对于年轻的编剧而言，这种方式放到今天也仍然是有效的吗？

芦苇：只要看经典电影，开卷有益。

李翔：您自己也参与很多年轻编剧的培养计划，您会把这种方法告诉他们吗？

芦苇：是的。我经常跟他们对话，对话的时候我讲的也永远是“向经典学习”这个主题。

李翔：对他们有作用吗？

芦苇：我觉得很难有直接作用。如果能够间接地对他们有所帮助，有所启示，让他们有所思考，效果就很好了，但是我很怀疑这种交流。

李翔：怀疑这种交流？

芦苇：嗯，我觉得这种交流当然是必要的，但也不必对它抱有过大的实用主义心态，就是我一定要讲门课，这门课真的起到点拨作用和指路作用。你别这么想。只不过是大家不同经验的交流，你要当人家的指路人，门儿都没有。经典电影是指路明灯，你只不过是这条路上的一个行者。你自己还经常在这儿困惑呢，还指点别人，不可能。

李翔：您在跟很多年轻的电影人，包括编剧的交流过程中，除了您说的生活课之外，对他们的优点、缺点，您有总结和观察吗？

芦苇：我觉得中国的编剧主要是向经典学习不够，这是我最确切的感受。很多编剧，当你说经典电影剧作的特点时，他们都不知道，这让我比较愕然。我有时候问他们，看过多少编剧的经典理论，好像都很少。

李翔：对于一部经典的作品，一个人要“吃”到什么程度，才能说我比较明白了？

芦苇：真正的经典可以受益一辈子。《阿拉伯的劳伦斯》对我的影响就是这样。我看了一辈子，每次都有新的体会和新的启发。再比如《哈姆雷特》，看一遍会有一遍新的收获。它太厉害了，通过台词就能把那么丰富、那么深刻的内容展现出来，在舞台有限的空间里展现了无限的人性。经典一定要反复看。

李翔：会不会每个人理解的经典也不一样？

芦苇：这完全是个人选择，没有统一的标准。

李翔：可能是每个人找到自己的经典。

芦苇：是。就像我们攀登高山，目标只有一个，但每个人的途径不一样。

作家和作品

李翔：您有想过改编曹乃谦的作品吗？

芦苇：没有，他写的东西对我而言就是阅读的欢悦。他的小说短篇居多，短篇要改编成电影比较难。

李翔：会有那种看到就觉得我非常愿意把它变成大屏幕上的作品吗？

芦苇：当然。比如我当年看一个女作家写的回忆录，看了以后深受感动。我就想，要是能把它变成电影就好了，大家一块儿来感受这个作品的魅力。

李翔：《白鹿原》应该也是吧？

芦苇：我对《白鹿原》是有自己的判断的。它的可贵之处是把关中乡土的魅力和真相写出来了；不足之处是小说结构有点过于繁杂，不够精练，人物定位也不够准确。

李翔：您也跟我说过，会对陈忠实讲，《白鹿原》如果再删减一些会更好。

芦苇：因为我跟他熟嘛，说话没有忌讳，也不是正式场合。

李翔：属于半开玩笑吗？

芦苇：这个话可不是半开玩笑能说出来的。他自己有他自己的选择，我只是一家之言，是我个人的想法。

李翔：陈忠实会跟您探讨这个问题吗？会解释为什么选择这样的结构吗？

芦苇：我只是把我的意见和观感告诉他，他也没有过多地解释。当时想合作，把它（《白鹿原》）改成电影。吴天明、陈忠实和我，吃了很多饭，喝了很多茶，聊了很多话题。我们三个人对陕西关中的乡土魅力特别着迷，都是这儿的人，生于斯，长于斯。这种感情是我们三个人的共同点，我们愿意把它做好。这种情感我觉得很难学习，那是与生俱来的东西。

李翔：所以最好是一个关中导演拍《白鹿原》？

芦苇：对，因为他了解。

李翔：代际会是问题吗？更年轻的一代，不可能再经历那样的苦难。

芦苇：代际不是问题，理解力是问题。即便是陈忠实的同代人，也未必理解陈忠实，未必理解小说真正的意义。

李翔：您也提到过，《白鹿原》中的乡土世界是您的美学根基。

芦苇：是，他写的土地的魅力和人性的魅力，你感同身受，因为你经历过这些事情。乡土的情感是与生俱来的，跟你的成长有关系。

李翔：反映到美学上，是一种什么样的美学？比如张艺谋的那种视觉美学是吗？

芦苇：很接近。张艺谋拍的《秋菊打官司》，我坚信这部电影别的导演拍不出来。他对乡土在荧幕上的表达，是有深刻的情感渊源在里面的。

李翔：柳青对您有影响吗？

芦苇：柳青的小说对我有影响。我少年时看过他的《创业史》[①]，那时候我上初一。《创业史》的第一章把我迷住了，但是越写越不好。我觉得很遗憾，人物最后变得意识形态化了，就没有魅力了。

李翔：即使在 1961 年、1962 年看，也会有这种感受？

芦苇：我看的时候大概是 1963 年、1964 年。这本书是柳青送给他一个朋友的，我在他朋友家里借到书，上面还有他的题名。我看了第一章，觉得怎么写得这么好，但往下看越看越不是味儿。那时候我已经读了《静静的顿河》，也是乡土小说，

---

① 《创业史》是柳青 1960 年出版的长篇小说，主题是新中国成立之后陕西农村的农业合作化运动，出版之后大受欢迎。但是因为在“文革”期间受到冲击，柳青并没有完成他规划中的整部《创业史》的写作。

看到最后，高下立马就出来了。

李翔：即使在 1964 年左右，在当时那个意识形态氛围里，大家看《创业史》也觉得后面有点意识形态吗？

芦苇：那个年代是意识形态的年代，一切作品都有意识形态的痕迹。但在那个年代看文艺作品就已经是这样，你要带着意识形态这个东西，魅力就会减少。看着看着就不对了，觉得主人公怎么一点意思都没有，高大全，不能进入你的心灵。你开始排斥他，开始觉得他假。

电影的商业性

李翔：您作为亲历者，会觉得 20 世纪 80 年代和 90 年代的精神气质差别非常大吗？

芦苇：我觉得 80 年代还是不太一样。80 年代是一个探索的年代，百花齐放，百鸟争鸣，不像之后和之前。80 年代之前是一个封闭的、大门关上的时代。到了 80 年代，门开了，呼吸的空气也觉得新鲜，接触的事物也很新奇。

李翔：所以，您对 80 年代还是挺有情感的？

芦苇：当然，那是阅读和探索的时代，我自己也在探索。

李翔：80 年代有被理想化吗？在后面的叙事里。

芦苇：有这个倾向。不要把 80 年代看作是一个玫瑰色的时代，但它确实有一种自由的空气。这就是为什么我们要怀念它。

李翔：另外一个现象是，无论是像《霸王别姬》《活着》这样的电影，还是像《白鹿原》《活着》《长恨歌》这样的小说，都是 90 年代出现的。

芦苇：是。因为需要反思和沉淀，也需要创作的过程。

李翔：所以是 80 年代沉淀，90 年代结果，虽然 90 年代非常商业化。

芦苇：中国电影商业化其实都是以后的事。90 年代初期，商业化的倾向并不明显。我自己有商业压力，但是整个电影界没有。

李翔：您自己有商业压力？为什么？

芦苇：我自己一直有。商业性既是一个压力，也可以把它变成动力。你用别人的资金，还是要把资金给投资者偿还回去。我是艺术家，我不管生意，这样想不太负责任。你自己当你的艺术家去，干吗用人家商业的钱呢？既然用了商业的钱，就必须给商业有回报，否则凭什么人家出钱给你搞艺术？

李翔：在您的自我定位里面，您是艺术家吗？

芦苇：我想当艺术家，但我不知道我是不是。我一直都搞不清楚，我也觉得没有必要搞清楚。我就是编剧。

李翔：画画是想当艺术家吗？

芦苇：当时画画也没想当艺术家，哪怕当个画匠也很高兴。我学画画的时候有很多人质疑，说你有这个才能吗？我说，热爱是不需要才能的，你喜欢就是了。难道我没才能就没有热爱的资格了吗？好像不是那么规定的。

李翔：是什么时候开始放弃把画画作为一个职业路径的？

芦苇：我是有一天忽然醒悟到，写剧本和画画是一回事。干脆我拿笔来画画，我用文字写下的也都是画面。

李翔：回到商业压力，商业压力的第一责任人不应该是导演吗？编剧也需要承受吗？

芦苇：必须要有这个自觉性，别人给你钱做一件事情，你要对别人给你的钱负责任。对别人的信任、别人的慷慨、别人给你的帮助，你必须要有回报。

李翔：所以您写剧本之前，会先问这部电影的投资规模吗？

芦苇：当然。

李翔：编剧行业里大家都会这么问吗？

芦苇：别人我不知道，我是这样，因为我从一开始当编剧就有资金回收的意愿。投资者很明确地告诉你，你们的任务是挣钱，那我就有票房压力和票房责任。一个编剧谈票房责任，我认为是必须要有的职业道德。

李翔：这个话您会跟年轻的编剧们讲吗？

芦苇：只要涉及我一定会讲，但讲的时候他们可能不一定爱听。他们会认为投资者愿意投资，是看中我的才华，而且这个钱也赚不到我的口袋，所以态度是不一样的。

李翔：所以在您的世界里，存在电影的商业性和艺术性的平衡吗？

芦苇：当然。人家拿出一笔钱给你，你给人家搞得血本无归，说不过去吧。

李翔：那它的艺术性呢？

芦苇：不要说因为我是搞艺术的，所以赔了钱是应该的，没这个道理。你花你爸妈的钱搞艺术可以，那是你家的事。投资者给你钱的目的就是为了挣钱。你可以不接这个活，接了这个活，就有这个义务。

李翔：您之前有一句话，对我的冲击非常大。您说，曾经觉得中国电影真正的创作从《霸王别姬》开始，但没想到它变成了终点，印证了中国电影人在创作上的短命是规律性的。

芦苇：这是我的肺腑之言，很痛切，但是真的。我们就说创作上短命的导演有多少。

李翔：这种创作上的短命有办法去改变吗？比如一个年轻的创作者想改变这一点，他应该怎么办？

芦苇：多读经典，回到经典你就知道差距了。只有非常自恋的人，才会说我是天才，我不被当代所认识，我是凡·高。这种人在全世界恐怕有上亿个，但是凡·高只一个。

电影的娱乐功能和价值功能

李翔：香港导演北上大陆拍片，有没有让您印象深刻的作品？

芦苇：我印象比较深刻的是《智取威虎山》(2014 年)[①]。借助娱乐性力量拍中国革命历史题材，就是《智取威虎山》这种结果，票房飙高，品质败坏。越是品质败坏的电影，有时候因为它的娱乐性很好，越是票房高。这不是对当年为东北献出生命的那些人的嘲弄吗？

李翔：品质败坏还是在价值观上？

芦苇：当然，把历史和真相给歪曲和娱乐化了。虽然赚了钱，票房不错，但是也制造了让很多青年人误读和误解历史的后果。

李翔：到现在为止有没有您很欣赏，但是没有合作的导演？

---

① 该片由徐克执导，改编自曲波的小说《林海雪原》。

芦苇：我觉得这个问题完全是运气。导演有时候状态很好，有时候状态不好。我当然希望跟状态好的导演合作，有些好导演状态不好，也没必要合作。

李翔：但确实有的导演因为他的职业性，导致他总是很认真，比如李安肯定是这样的导演，无论什么时候、什么状态，都会很认真对待他的作品。

芦苇：是，谁都希望跟李安合作，因为他认真，有职业道德。很多导演不一定有这种品质，至少不稳定。

李翔：全世界范围内还活着的导演里，您认为谁的作品可以成为经典的作品？

芦苇：我对导演的命运从来不做猜测，因为我猜测了很多年轻人的命运，都猜错了。比如跟陈凯歌合作《霸王别姬》的时候，我觉得我们能拍出很好的电影来，那可不是一部、两部，是能拍出一批来，但是我猜错了。30 年过去了，荧幕上有《霸王别姬》这样的作品吗？

李翔：科技公司像奈飞、苹果、亚马逊，他们做了很多的尝试，比如会请大牌导演拍网剧，包括在院线和互联网上同时公映电影。

芦苇：我觉得这都是手段和合作方式。对于观众来讲，不管是短视频的形式，还是不同的传播电影的方式，他看到的必须要有趣，有品质，这是观众的诉求。

李翔：您怎么看以漫威和 DC[①] 为代表的超级英雄电影的崛起？

芦苇：我对它们不太了解，没有发言权。

李翔：您看过漫威的电影吗？比如《钢铁侠》《复仇者联盟》《蜘蛛侠》《美国队长》……

芦苇：《蜘蛛侠》看过。它们都属于视听艺术的大的范围，没有本质的区别。

李翔：但是在西方会有大导演抱怨，漫威电影会毁掉电影行业。

芦苇：当然了。影视在本质上是娱乐功能，但它也有教化功能。现在是教化功能越来越弱化，娱乐功能有点畸形膨胀。我觉得这是不太正常的，应该有一个合适的分布比例。

李翔：导演和编剧拿到一个题材，又要让观众很喜欢看，又要对投资者负责，很有可能就是艺术这一面往后退，或者教化的这一面往后退。

芦苇：这是一个选择，你可以有不同的选择。现在我认为是技巧大于内容，不太健康。

---

① 漫威漫画公司（Marvel Comics）与 DC 漫画公司（Detective Comics）并称美国两大漫画巨头。

图书在版编目（CIP）数据

芦苇 / 李翔著. -- 北京：新星出版社，2023.1
（详谈）
ISBN 978-7-5133-5111-9
Ⅰ.①芦… Ⅱ.①李… Ⅲ.①芦苇－访问记 Ⅳ.
① K825.78

中国版本图书馆 CIP 数据核字（2022）第 249502 号

详谈

芦苇

李翔 著

责任编辑：白华召
策划编辑：田 迅 师丽媛
营销编辑：陈宵晗 chenxiaohan@loujilab.com
封面设计：李 岩 柏拉图
插　　画：贺大磊
版式设计：仙境设计
责任印制：李珊珊

出版发行：新星出版社
出 版 人：马汝军
社　　址：北京市西城区车公庄大街丙 3 号楼　100044
网　　址：www.newstarpress.com
电　　话：010-88310888
传　　真：010-65270449
法律顾问：北京市岳成律师事务所

读者服务：400-0526000　service@luojilab.com
邮购地址：北京市朝阳区温特莱中心 A 座 5 层　100025

印　　刷：北京盛通印刷股份有限公司
开　　本：787mm×1092mm　1/32
印　　张：6.25
字　　数：119 千字
版　　次：2023 年 1 月第一版　2023 年 1 月第一次印刷
书　　号：ISBN 978-7-5133-5111-9
定　　价：39.00 元